強豪校の監督術
高校野球・名将の若者育成法

松井 浩

講談社現代新書
2481

写真提供：いずれも朝日新聞社

はじめに

高校野球人気が、近年ますます高まっている。正々堂々と真剣勝負を繰り広げる若者の姿が、多くの国民を魅了するからだろう。

現在の日本では、特にテレビや新聞に登場する大人たちに正々堂々と生きていると思える人が少ない。分野を問わず、不正や責任のなすり付け合いがいかに多いことか。

野球で不正は即座に退場である。そればかりか、一生懸命なプレーであっても「ミス」と判定されれば記録に残り、時に勝敗をも左右する。真剣勝負ではごまかしが通用しないし、言い訳も通らない。だからこそ、一つのミスでもチーム全体で受け止め、その後にどう対応するかを日頃から繰り返し練習している。

さらに、全身全霊をかけた真剣勝負では、人間性のすべてがさらけ出される。ここ一番の勝負どころで弱さや未熟さがえぐり出されることもある。高校野球といえども、単に野球の技術や戦術だけでなく、人間としての総合力が問われてくる。

そんな高校野球でチームが強くなるかどうかは、監督が八割以上のカギを握る。そして、近年は高校球児に対して野球指導者としてだけでなく、「人間教育」にも熱心な監督が甲子園で結果を残すようになっている。大阪桐蔭の西谷浩一、東海大相模の門馬敬治、元福知山成美の田所孝二（現在は岐阜第一）らが、その代表といえる。また、龍谷大平安の原田英彦も最近は「人間教育者」としての色合いを濃くしている。

日本の子どもたちの生きる力や人間力が著しく低下しており、高校野球の指導にも人間教育が強く求められるからである。人間的な成長なくして野球選手としての進歩はない。人間と同時に組織人としての自覚がなければ、チームに対しても貢献できない。高校野球を人生の縮図と考えることからスタートしなければ、野球指導の成果も上がりにくい。それだけ高校野球の監督も総合的な人間力が問われる時代になっている。

では、「人間教育」に熱心な監督たちは、何を思い、何を考えながら若者たちの指導に精を出しているのだろうか。西谷、門馬、原田、田所の四人に、それぞれが長い年月をかけて練り上げた若者育成法を尋ねた。

また、現在も賛否両論の「野球留学」について考えるため、青森県の有力校を訪ね歩いた。最前線の現場で指揮をとる監督たちは、何を考えて若者たちと日々向き合っているのか。山下繁昌（元八戸工大一）、金沢成奉（元光星学院、現明秀日立）、長谷川菊雄（八戸工大一）、工藤公治（元大湊、現青森北）、原田一範（弘前学院聖愛）に語り尽くしてもらった。さらにかつての野球王国「高知県」を訪ね、野球王国を支えた元高知商の谷脇一夫と、中学生の育成で評価の高い現高知中学の濱口佳久にそれぞれ独自の育成法を語ってもらった。そして、大商大の元トレーナーで現在は京都リトルシニアのコーチを務める森元静磨とともに日本の野球界の将来を展望した。

聞いてみると、日本の未来のためにも高校生を自立した人間として育てることが喫緊の課題になっている現実と、それぞれが個性を発揮しながら奮闘する姿が浮かび上がってきた。

目次

第1章　大阪桐蔭　西谷浩一

西谷は一日にして成らず

ツキのない監督

大阪桐蔭の西谷浩一監督は、一九六九年（昭和四四）、兵庫県宝塚市の生まれである。小学二年で野球を始め、関西の野球小僧らしく阪神タイガースの大ファンの、元気でスリムな男の子だった。「阪神タイガース子供の会」（現阪神タイガース公式ファンクラブＫＩＤＳ）にも入っていたので、高学年になると甲子園へナイター観戦にも出かけた。

「当時、『子供の会』に入っていると巨人戦以外はタダで客席に入れたんです。友だち同士でよく観に行きました。うちは八時半になれば球場を出て帰るという約束だったんですけど、その時間って試合の一番いいとこじゃないですか。公衆電話から家にかけて『もうちょっとええか？』って聞いて観てました」

しっかりとした家庭で健やかに育っていたことがよくわかるエピソードである。小学四年でキャッチャーになってからは大学までキャッチャー一筋。小学校と中学ではキャプテンも務め、いつもチームで中心的な存在だった。

ところが、報徳学園に進んでからは、

「あんた、いつ、野球の神様のお怒りを買ったの？」

と思うくらい西谷はツキに見放される。一六歳から三五歳までの二〇年間は、ほんとうに可哀そうなくらい恵まれていない。

小学六年の時、自宅から近い報徳学園が夏の甲子園で優勝する。エースで四番の金村義明（近鉄ほか）が大活躍した年で、西谷少年も金村に憧れた。中学時代には軟式野球のクラブ活動でキャプテンとして宝塚市内で優勝している。そして、高校は、甲子園出場をめざして憧れの報徳学園へ進んだ。

ところが、一年生の秋、いきなり不祥事で対外試合禁止処分を食らう。といっても、まだ一年生だったので西谷自身への影響は少なかったが、あろうことか、三年生の春にも下級生の暴力事件が発覚。三年生最後の夏は、なんと兵庫予選にすら出場できなかった。

しかも、二年生の秋には兵庫三位で近畿大会に出場するチーム力があった。翌年の選抜には出場できなかったが、三年生の夏こそは甲子園へ行くぞと、チーム一丸となって厳しい冬を過ごした。それなのに春季大会の地区予選を勝ち抜いた直後、不祥事が明るみに出る。当時は高野連の処分は厳しく、たとえ下級生による不祥事でも、連帯責任というやつでチーム全体が夏の大会に出られないという厳しい裁定が下った。つまり、三年生の五月の段階で、西谷は「ああ、終わった」とうなだれるしかなかった。

ついでに書いておくと、西谷は報徳学園でレギュラーの座は奪えず、三年生の時にも控えのキャッチャーだった。

さらに高校三年の冬、関西大学を受験したが、文系の全学部に不合格。一年間の浪人生活を余儀なくされた。一浪の末に入学した関西大学では四年生でキャプテンを務めたものの、卒業するまでレギュラーの座をつかむことができなかった。

大学を卒業した一九九三年（平成五）、西谷は大阪桐蔭に就職する。これも社会人で野球を続けたいという希望をあきらめて選んだ道だった。大阪桐蔭では監督の長澤和雄の下でコーチとして奮闘したが、当時の大阪はＰＬ学園や上宮が強く、なかなか甲子園には出場できなかった。

六年目の一一月、休養する長澤に代わって〝臨時監督〟となった。監督として初めて挑んだ夏の大阪予選は、あえなく初戦敗退。西谷より八歳上の岡田龍生率いる履正社に一二対一三と競り負けた。それでも一年限りの予定だった臨時監督が三年に伸びたが、一度も大阪大会を勝ち抜くことはできなかった。ところが、長澤が監督に復帰すると、チームはあっさりと甲子園へ出場する。二〇〇二年（平成一四）、西岡剛（千葉ロッテ、阪神）が三年生の夏のことだった。

「西岡の代のチームはそれほど強くなかったので、私があのまま監督を続けていたら甲子園には絶対に出ていません。長澤さんがうまいことと西岡たちを乗せてチーム力を底上げしてくれたから甲子園に出られたんです」

西谷自身はそう言うが、当時は周囲から「頑張って仕込んだのに、おいしいところを長澤さんに持っていかれたな」とさんざん冷やかされた。

その翌二〇〇三年（平成一五）一月、今度は正式に長澤からバトンを引き継ぎ、大阪桐蔭の第二代監督に就任した。そして、その秋、大阪三位で近畿大会に出場すると、準決勝で立命館宇治（京都一位）を三対一、さらには決勝で社（兵庫三位）を一〇対六で破ってみごとに優勝。西谷は大阪桐蔭に就職してから一一年目にして、ようやく悲願の選抜出場を決定的にした。

と思ったら、どっこい。

西谷浩一

選抜選考会の直前、過去の部内暴力が明るみに出る。当時、一般クラスの生徒が野球部にいて、練習についていけないと相談に乗っていた。その生徒が、上級生から蹴られたことがあったという。

「その時、蹴られた生徒にケガはなかったですし、すぐ仲直りもしたので解決したものと判断して高野連に報告していなかったんです。報告しなかったのは事実なので、責任をとって監督を辞任しました」

大阪桐蔭は、翌年の第七六回選抜高校野球大会に晴れて出場したが、ベンチで采配をふるったのはコーチの田中公隆（現福井工大福井監督）だった。「西谷浩一」の名は一切の記録に残らなかった。

選抜大会が終わると、西谷はすぐに監督に復帰する。勇んで出場した春季大会は大阪も、近畿も制した。選手たちも「夏こそは監督と一緒に甲子園へ行くぞ」と意気込み、夏の大阪予選に臨んだ。チームは順調に勝ち上がったが、ＰＬ学園との決勝戦はなんと延長一五回四対四で引き分ける。そして翌日の再試合では一度もリードを奪えないまま七対一三で敗れた。まだ一年坊主だった前田健太（広島東洋、ロサンゼルス・ドジャース）に完投を許し、目の前にあった甲子園切符をつかみ損ねた。

まあ、これが平安（龍谷大平安）なら、とっくに熱烈なファンが選手バスに乱入していただろう。また、「うちの学校ならクビやな」という高校関係者もいるかもしれない。

「普通はクビですよね。つくづく甲子園とは縁がない、僕にはムリなんだなあと思いました。どん底ですよ。周りの人たちからも『西谷は持ってない』と絶対に思われてるなと考えると辛かったです」

大阪桐蔭の歴史が浅かった分だけ、西谷は救われた。ただ、関西大学を卒業してすぐに就職した経緯をみれば、西谷と大阪桐蔭との縁の深さは感じる。

長澤の「三顧の礼」

西谷の大阪桐蔭との出会いは高校時代にさかのぼるが、正確に言うと、当時まだ「大阪桐蔭」という学校はなかった。「大阪産業大学高校大東校舎」としてスタートして五年目で、大産大高校の分校という位置づけだった。

のちに大阪桐蔭の監督となる長澤和雄は、西谷が高校三年だった一九八七年（昭和六二）当時、スポーツメーカーSSKの社員として報徳学園に出入りしていた。グラウンドでは、夏の兵庫予選にも出られないのに、西谷が後輩たちと一緒に汗を流している。同級生には野球部を辞めたり、学校まで辞めた者もいたという。

「三年生は、夏の兵庫予選の開幕の日に紅白戦をして引退しました。でも、夏の大会に出られないからといって野球部まで辞めると、自分が完全に負けたような気がして嫌だったんです。将来、高校野球の指導者になりたいと思っていましたし、大学でも野球は続けたいと思っていたので、夏休みになっても練習はしていました」

長澤は、そんな西谷の姿を見ていた。八月の下旬、長澤が、

「もう大学は決まってんのか」

と声をかけた。

「いえ、まだです」

「関大がキャッチャーを探しているんやけど、受けてみないか」

西谷にとっては思いがけない言葉だった。

長澤は、関大一から関西大学へ進み、剛腕の山口高志（松下電器―阪急）を擁して大学日本一（一九七二年）になった時のメンバーである。社会人野球の大丸でも活躍した後、チームの休部をきっかけにSSKに転職していた。

「関大へ行く前日に尼崎の（硬式の）バッティングセンターへ行って木のバットで練習して、当日は長澤さんに関大のグラウンドへ連れて行ってもらいました。自分ではけっこう頑張れたと思ったんですけど、練習が終わったら、マネージャーが関大の赤本を封筒に入れて渡してくれて、『監督が気に入ってるから頑張って勉強してください』と言われたんです。それで僕はセレクションに落ちたと思ってキョトンとしていたら、マネージャーが『わかりやすく言ったら桑田と清原が来ても通らない』と説明してくれました」

当時、報徳学園の監督は、現在関西学院高校の監督を務める広岡正信だった。

「広岡監督に『スポーツ推薦はないそうです』と報告したら、『お前、そんなことも知らんと練習に行ったんか』とあきれられて、『どうする?』と聞かれました。受験勉強をしていないので一般入試で合格する自信もありません。そしたら広岡監督にビビッてんのかみたいなことを言われたんですよ。それで受けますと答えてしまったんです。受験事情もよくわからなかったので、九月から勉強を頑張れば合格できると思ったんですが、甘くなかったです」

それでも一年浪人して関西大学に入学する。

西谷が大学二年の秋、母校の報徳学園が兵庫三位で近畿大会に進出した。当時の監督だった荻野秀樹から西谷に連絡があった。

「荻野先生には、高校時代から『いつか高校野球の指導者になりたい』と話していたんです。それもあったと思うんですが、近畿大会に向けて学校で強化合宿するので手伝ってくれないかと連絡をもらいました。夜に学校へ行って一緒に練習したり、相手チームの分析をしたりしていました。一回戦で近江に勝って、次の相手が大阪桐蔭だったんです。その監督が長澤さんで、その時は『ああ、ＳＳＫの』と思った程度でした。試合は大阪桐蔭にコールド負けして、大阪桐蔭は翌年の選抜に初出場しました」

その後、大学関係のパーティーで立て続けに長澤と会う機会があった。大学三年の秋、長澤から卒業したら大阪桐蔭のコーチになってほしいと誘われた。

「大阪桐蔭は夏の甲子園で優勝したけど歴史が浅いので、まだ組織ができてない。報徳のような伝統校で野球を経験した若いコーチが必要なんやというお話でした。大変ありがたいお話だったんですけど、まだ大学三年だったし、卒業後は社会人で野球を続けたいと思っていたので、その時は断ったんです」

その後も、長澤はしょっちゅう西谷の自宅に電話してきた。一方、西谷は大学四年生になってキャプテンに選ばれたものの、キャッチャーとしては相変わらず控えだった。社会人で野球を続けても、果たしていつまで現役でいられるのか。卒業が近づくにつれて、長澤からの申し出を受ける方向に傾いていった。つまり、西谷は、大阪桐蔭の将来を担う指導者として長澤に見込まれ、大阪桐蔭に三顧の礼で迎えられたのである。

長澤の目の確かさは、西谷が「どん底」と嘆いた二〇〇四年以降の戦績が証明している。

二〇〇五年（平成一七）の夏、エースが辻内崇伸（巨人）、四番が平田良介（中日）、そしてスーパー一年生の中田翔（北海道日本ハム）がいたチームで甲子園に出場するとベスト4に進出。これを皮切りに二〇〇八年（平成二〇）の夏に自身初の全国制覇を達成すれば、二〇一二年（平成二四）にはエース藤浪晋太郎（阪神）を擁して史上七校目の春夏連覇を成し遂げた。さらに二〇一四年（平成二六）の夏にも日本一に輝き、二〇一七年（平成二九）の春と二〇一八年（平成三〇）の春には史上三校目の選抜大会二連覇を達成した。

二〇一八年選抜大会までに春三回、夏三回の優勝を果たし、優勝回数は元ＰＬ学園の中村順司と並び歴代最多である。春夏五度の優勝を誇る元横浜の渡辺元智を始め、智辯和歌山の高嶋仁、帝京の前田三夫（ともに三回優勝）はあっさりと抜き去った。あのどん底から、まさに「捲土重来」の大躍進で、今や西谷の率いる大阪桐蔭は高校野球界を代表するチームとなった。

最強チーム「九つの指導」

では、西谷は、あのどん底状態から、どのようにして最強チームを作り上げたのだろうか。西谷がコーチ、監督として取り組んできたことをいくつか見ていきたい。

①洗濯は自分でさせる

西谷がコーチに就任した時、寮での洗濯は下級生の仕事だった。

「高校生って時間があるようでないんですよ。寮での生活を見ていたら洗濯に時間がかかっていて、先輩の分まで洗う下級生は夜練習の時間が削られていました。それで自分の洗濯は自分ですることに変更しました」

突然のルール変更に、上級生たちは反発した。そこで「洗濯物を全部オレのところへ持ってこい。オレが洗ってやる」と宣言したら、上級生も自分で洗うようになったという。

現在、大阪桐蔭の寮では、一部屋に同学年の部員が三人ずつ入っている。一部屋に洗濯機が一～二台はあるので、一年生から三年生まで洗濯の時間をうまくやりくりできるようになっている。

②生活指導の徹底

一年生が寮に入ってくると、あいさつをする、礼儀をわきまえる、時間を守る、人と協力して動くなど、集団生活の基本を繰り返して指導する。

「進学校で野球の強いチームを見ていても、人間的にしっかりしているチームが負けにくいのは確かだと思います。たとえば、スリッパは揃えなさいと言い聞かせても、しばらくすると忘れてしまう者もいます。日々のささいなことでも長く継続できない人間は、野球でもやりきれません。コツコツと努力を続ける、やると決めたらしっかりとやりきる。そういう心を作っていくためにも、日常の習慣をとても大事にしています。人間力が上がってこないと、野球も続けてよい結果は出ないですね」

それは学校での生活でも同じで、たとえば、授業で寝たら、一週間の草むしりという罰則をうけているという。

③生徒一人一人とコミュニケーションをしっかりとる

二〇〇四年の選抜大会にチームは出場したのに、西谷はベンチに入れず、謹慎していた。

その時、コーチングの本を読んだり、セミナーを受講したという。そこで学んだのが「コミュニケーションスキル」。寮で子どもたちに積極的に話しかけ、子どもたちが話せば、聞き上手になろうと決意した。

「グラウンドで話すのと、寮でジャージ姿で話すのとでは話す内容も、話し方も全然違います。子どもたちとコミュニケーションをとることで、いろいろと見えてくる面もあります。グラウンドでは一生懸命でも寮ではいい加減なやつ、指導者の前でだけちゃんとしているやつというのは、大事な場面でミスをしがちです。面談や雑談を繰り返すことで、お互いに深い信頼関係が築けるように努めています」

特に生徒たちとスムーズにコミュニケーションがとれるようになったのは、春夏連覇を達成した藤浪世代からという。

「僕自身は結婚が遅かったので子どももまだ小さいですが、当時、年末に妹の子どもと会った時、うちの生徒でいえばどの世代と学年が同じかなと考えたら、藤浪たちと同じだったんです。こいつらにもおじさんがおって、お年玉をもらったり、いろんな話をしてもらっているんやなと思うと、なんとなく気楽に話せるようになりました」

西谷は、もともと教師にありがちな説教タイプである。口を開くと、ついつい説教じみた話をしてしまう。プライベートの時間になっても、「自分は教師だ」という意識を拭い去ることができないでいた。「オレは、こいつらのおっちゃんでもおかしくないのか」と思ったら、子どもたちとの距離もずいぶん縮まったという。

④野球ノート

野球ノートを始めたのはコーチ一年目だった。西谷自身が高校時代に書いていたもので、長澤監督に相談したら「どんどんやってくれ」といわれて始めた。選手のことを知るためのコミュニケーションの一環で、生徒が書いてきたことにコメントをつけて返している。

現在は、選手が野球ノートに悩みや相談、練習で見てほしいところ、思っていることなどを書く。朝学校で提出したものに、西谷が授業の合間に目を通して放課後に戻す。寮で行う面談や雑談、レポートとも併せて、指導の方向性や練習内容を考える材料としている。ノートを提出しなかったり、本音で書いていない生徒には、「お前が何を考えているかわからん」と言葉で伝えることもある。

⑤満足させない

「満足感や慢心といったものが心に芽生えると、必ず成長が止まります。中田（翔）も、平田や辻内がいたから、自分はまだまだと勘違いすることなく伸びることができたんです。

よく選手には『高校野球は野球のやの字やぞ』と言います。高校レベルで満足している場合やないんです」

チームで社会人野球の試合や練習をよく見に行く。パナソニックや日本生命の練習を見せてもらって、社会人のトップクラスのプレーを目の当たりにする。

「子どもたちが守備でも、打撃でも社会人の選手はすごいな、自分はまだまだだなと感じれば、もっとうまくなりたいと思います。常に高いレベルのプレーを見せて向上心を刺激してます。それに社会人のプレーを見に行くのは、自分自身のためでもあるんです。高校生のプレーを見続けていると、そのレベルに目が慣れる。たまに社会人のプレーを見せてもらって、自分の目も上方修正をしています。うちの子たちのプレーを見て『まだまだやな』と常に思わないと、自分も選手たちも成長しませんから」

ＯＢにも時間があれば顔を出してもらって、一緒にノックを受けてもらう。プロはもちろん、大学や社会人でプレーする選手たちの話を聞いたり、動きを見せてもらって大きな刺激にしている。

⑥実戦形式から個人練習へ

試合や実戦練習をして、そこで見つけた課題に個人練習で取り組む。この順番を大切にしている。まず、自分の課題を明確にして練習をしてから試合やシート打撃に臨む。そして、また試合で課題を見つけ、個人練習で取り組むことで克服していく。

「フリー打撃でも、単に自由に打つんじゃなくて、どれだけ考えて打てるか。逆方向へ徹底して打つ子もいれば、引っ張りと逆方向をミックスして打つ子もいる。エンドランの練習をしている子もいる。いろんなタイプの選手がいますから、フリー打撃ひとつとっても、その選手の課題に合わせていろんな打ち方ができます。選手たちにうるさく言うのは、目標や課題を常に明確にしておくことです。放っておいても、なかなか実のある練習はできないと思うので、そこはしつこく言ってます」

⑦徹底した個別指導

「野球は、個と個の対戦で成り立ってます。集団スポーツに見えて、すごく個別性が高い。打席では投手と一対一で戦うし、守備もまずは個人で対応しなきゃいけない。そのために個々が強くなければ、チームとしても勝ち続けることはできません。だから、まず個を鍛えていって、そのうえでいかに組織として一体感をもたせるかを考えています」

個を鍛えるうえで課題を見つけるのが試合である。

「たとえば、かつてはゴロ捕りの基本を徹底してやったほうがいいと思っていたんですけど、やらせてみると全然うまくない子がおったんです。『なんや、中学生の時より守備が下手になってるやん』と思ったんですけど、紅白戦したらやっぱりうまかった。選手というのは実戦で評価したり、課題を見つけなあかんと思ったんです」

その頃、北海道日本ハムの育成方針を聞く機会があった。ドラフトで指名するのはすぐに二軍戦に出られるレベルの選手で、二軍戦で実戦経験を積ませることで育てるという。そのため二軍選手でも年間何十打席を保証すると約束されている。そうして育ったのが中田翔や西川遥輝（智辯和歌山）であり、近藤健介（横浜）や大谷翔平（花巻東）たちである。

「その話を聞いてビックリしたんですよ。僕らの高校時代は下手なやつは試合に出られないというのが当たり前でした。大阪桐蔭でもその感覚だったんです。当時のOBには一回も試合に出てないという子もいます。日本ハムの話を聞いてから、B戦を組むようになったんです。平日のナイターもできるんちゃうかと思って近大付や大産大付、太成学院などに連絡したら応じてもらえました。練習組はグラウンドにいて、試合はコーチに連れていってもらったら、居残り組の練習もはかどるし、試合に行った子たちも全員出られます。試合の数はかなり多いです。チームを三班に分けて土日に三ヵ所で試合をすることもあります」

試合を増やした狙いは、もう一つある。

「今の子たちは試合に出ないと、『あいつは監督に好かれているから試合で使ってもらえる』とか、ベクトルを他人に向けるでしょう。それでは伸びません。『オレ、今日も打てんかった。あかんな』と。『じゃあ、どうすればいいのか』とベクトルを自分に向けてほしいんですね。そういう態度を身につけて初めて上達できると思います」

実戦の中で見つけた課題は、面談や野球ノート、寮での対話の中で明確にする。

「いま打撃が低調なら、『どうする？　思い切ってフォーム変えてみるか』、パワー不足が課題なら、もっと走り込んだほうがいいとか、筋トレしたほうがいいとか。打ち込みが足りないなら『朝早く起きて練習しようか。付き合うよ』と。話し合うことで、今の瞬間から具体的に何をするか明確にしていきます」

一人一人への対応がきめ細かくなった分、練習の意図や意味、モチベーションが極めて明確になっている。といっても、西谷は、自主練習といえどもすべてを選手任せにはしていない。

「高校生にすべて任せるのは難しいと思っています。たとえば、守備の自主練習を三〇分やらせても、『お前、今、それか？』ということがあります。『ちゃうやろ』と。バッティングでも下手な打ち方一〇〇回やったら、一〇〇回下手になる。『あかん、あかん、それでは下手になるぞ』と止めることもあります。それに比べて『こいつ、いい練習しているな』と思うやつは伸びていきます。だから、練習内容やどんな練習をするかは、寮でしっかり話して確認しますし、練習中も見ています。『今日なんであの練習やったん？』て尋ねて、そこで話し合いをして修正していきますね。ノートに書いたり、話をしたり。コーチもいますので手分けして指導したり。練習した分だけ確実に上達しようと思えば、やっぱり正しい努力を継続することです。子どもたちの自主性を求めながらも、大人が誘導することが大切だと思います。練習は常にコーチと手分けして個別にも見ていきます。一人一人にかける手間や時間は、どこの学校よりも多いと思います」

⑧毎日、日本一の意識

全国優勝をめざすなら、どこにいても日本一をめざすという意識で過ごしている。

「高校野球は二年半で約一〇〇〇日です。その約一〇〇〇日で、その後の人生が決まる。それぐらい大事な時間なんだということを考えて、やはり己に勝つ、自分に妥協しないということが大切です。自分に甘えているうちは成長しないですよ」

グラウンドにいる時、常に日本一をめざして練習するのは当然だが、チームで取り組んでいるのが「全力疾走」や「声」でも日本一をめざすこと。「全力疾走」や「声」は誰にでもできるのだから、常にやり切ることが大切だと実践している。

また、日頃から低くて鋭い打球を打つこともチームで取り組んでいる。フリー打撃でも、常にお互いに声をかけ合って意識づけするし、打ち上げてしまったら、どんな飛球でも全力疾走で二塁まで走る。

グラウンド以外でも、常に「甲子園で優勝すること」を意識する。たとえば、授業が終わって、チームバスで練習グラウンドに向かう時、バスの中で何をするのか。ストレッチングをするのか、その日の練習や課題を予習するのか、対戦経験のある好投手を思い出して攻略法をイメージするのか。その時、自分の置かれた状況によって、常に「日本一」が意識されている。

⑨スカウト
中学野球のトップクラスの選手が集まる大阪桐蔭。西谷がこまめに中学野球の現場を回って勧誘している。一学年は約二〇人。全員が寮に入る。

「来てほしい子は、二学年くらいでポジションのバランスを見て決めます。キャッチャーが手薄だと思えば、早い段階から出られそうなキャッチャーを探すとか、右投手が多ければ、左ピッチャーを考えるという感じですね」

その中で特に来てほしいのは、一緒に野球をしたいと思う子だという。

「〝野球好き〟に来てほしいと思っています。野球がうまくても、野球が本当に好きという子は減っています。僕らの時代は野球しかなかったから、野球して帰ってきてテレビで野球見て、バット振って、その後にグラブとボールで遊んでと野球一色でした。でも、今はインターネットも含めて誘惑がいっぱいあるから、野球はその中の一つにすぎないんですね。プロ野球を見ない子も増えてます。でも、これまでの生徒を見てきて思うのは、『こいつ、ほんまに野球好きやな』という子しか伸びないということです。うちのやり方では、なおさら野球好きでないと続かないと思います。そいつが本気なら、僕も本気でより頑張りたいと思えるんで。中田翔にしても、森友哉（埼玉西武）にしても、野球に関しては、こいつほんまに野球好きやなと思える子たちでした」

強さの秘密

西谷やコーチたちの取り組みを読んで、どんな感想を持たれるだろうか。西谷自身は、

「特別なことは何もしてません。コーチ時代からほとんど変わっていません」

と言う。コーチ時代から、これだけのことができていたなら、さすがに関西大学でキャプテンを任された人物だと感心する。若い頃からポイントを押さえた指導ができていたんだなあと思う。

ここ数年、実際に大阪桐蔭の練習を見たり、西谷の話を聞いたりして、すごいなと思うのは、取り組みの一つ一つを徹底的に行っていることである。特別なことはしていないか

もしれないが、すべてが個々の上達と日本一に向かって徹底されている。つまり、大阪桐蔭の強さの秘密は「凡事徹底」にある。

たとえば、「全力疾走と声、低い打球」なんて、そのあたりの公立高校でも取り組んでいるテーマだろうが、大阪桐蔭では全国のトップクラスの選手たちが「日本一の全力疾走」、「日本一の声」を意識しながら徹底している。また、一塁ベースの踏み違いもあって夏の甲子園で敗れた後は、「一〇〇％の確認」をチーム全体の合言葉とした。こうした意識の高い練習は、見ているだけで「そりゃあ、強いはずや」と感動する。大阪桐蔭は強豪私学でありながら、公立高校にも見事なお手本となっている。

西谷によれば、このようなチーム作りができるようになったのは二〇〇七年頃からという。野球部員を一学年二〇人に絞り、全員が寮で一緒に生活するようになった。それまでは一学年約三〇人で、一般クラスの子も受け入れていたし、通学の部員もいた。人数を絞って全寮にしたことで、野球がうまくて、野球好きな部員たちと、高い目標に向かって思う存分野球に集中できるようになった。

本物の野球好きというのは、努力感なく努力のできる人のことである。他人からはものすごく頑張っているように見えても、当人には頑張っているという意識はない。ただ好きなことに打ち込んでいるだけだ。好きなことをしているので集中できる。集中するから、濃密な時間を過ごせる。向上心も強ければ、技術や知識の習得にも貪欲でいろいろな工夫もできる。しかも、全体練習が終われば、「さあ、ここからは趣味の時間」とまた野球に取り組む。そういう選手たちが相手なら、野球大好きな指導者のモチベーションも上がり、毎日を楽しく過ごすことができるというわけだ。

大阪桐蔭の強さの秘密、その二つめは「少数精鋭」と「徹底個別指導」にある。言ってみれば、東大合格をめざすエリート予備校のようなイメージだろうか。

または、教え子との会話から相手を深く理解しようとする姿勢、十分に話し合ったうえで教え子を正しい方向へ導こうとする態度、同類を会わせることで切磋琢磨させようとする発想は、西郷隆盛や小松帯刀らを育てた薩摩藩主・島津斉彬の人材育成術に通じるところがある。西谷の下では野球界の「歴史を動かすような選手」が育つわけである。

もちろん、大阪桐蔭が躍進した陰には、ＰＬ学園を始めとする大阪府内の強豪私学の弱体化という理由もある。しかし、それ以上に、西谷が臥薪嘗胆時代に悶々としながら試行錯誤する中で、一日の過ごし方や指導法を究極的に練り上げたことが大きいと思う。個々の上達によって日本一をめざすという基本軸に、日々の取り組みという地道な努力がよくからんでいる。

いい湯加減

それにもう一つ挙げるなら、西谷のキャラクターが時代にうまくマッチしているように見える。西谷は、小学生の男の子からの人気も高いが、それはあの体形とも相まってユーモラスな雰囲気があるからだろう。正月早々、藤浪がベビースターラーメンを差し入れることがニュースになるような高校野球の監督は、他にちょっといない。

たとえば、藤浪世代の四番に田端良基という選手がいた。夏の準々決勝の天理戦で頭部に死球を受けて臨時で代走が出た。ベンチに戻った田端に、西谷はなんと頭突きをかましていた。

「痛くないかと聞いたら『痛くないです』というので、自分の頭を軽くぶつけて『こっちの方が痛いやろ』と言うたんです」

田端は体形そのものが西谷に似ており、当時「ミニタニ」と呼ばれていた。似た者同士の親子がまるでじゃれているような場面はユーモラスで、筆者はベンチの真横で見ていたが、ベンチ全体の雰囲気もふっと程よくゆるんだように感じた。その五回表に大阪桐蔭はリードを三点とする貴重な追加点を奪っている。

また、「五点までＯＫ」と送り出した投手が、初回に五点を取られた試合では、ベンチに戻ってきたナインに、

「誰がいっぺんに取られてええなんて言うたんや」

と言ったり、相手投手の好投でこう着状態になった試合では、

「絶対に落ちてくる。だから今はボディやぞ、ボディ。アッパーはいらんから、ひたすらボディや」

とボクシングにたとえたりする。

それでも試合が動かないと、今度は綱引きにたとえていた。

「今は引っ張られへんからしゃがめ。耐えて、耐えて、そうすれば相手もバテてくる。バテてきたら一気に引っ張るからな。それまでベンチのみんなもしゃがんどいてくれ」

とてもわかりやすいたとえで、最後の「ベンチのみんなもしゃがんどいてくれ」には思わず頬がゆるむ。そうかと思えば、

「ケンカで殴られるのは当然。二、三発殴られてからが勝負や。そこでどうするのか。絶対に倒れたらアカン」

いずれの言葉も怒気を含まず、緊張感の中にもユーモラスな味わいが漂う。

履正社との対戦となった二〇一七年（平成二九）の選抜決勝では、投打の二刀流で中心選手の根尾昂をあえてスタメンから外し、終盤のリリーフ登板に備えさせた。それをメンバーに伝えた時も、

「今日は総力戦で、後半勝負になる。その後半にサッカーの日本代表でいえば、本田圭佑

投入の準備はしているから、思い切っていってくれ」

そう言った後に、

「あっ、本田ってもうエースちゃうか」

と付け足して選手たちにウケた。西谷本人は、

「いや、ウケを狙ってとか、戦略的に言ってるんじゃないですよ」

と言うが、一つは、西谷のお茶目なところが、なんとも今どきの若者にも「いい湯（人）かげん」になっているのだと思う。と同時に、西谷が選手たちに伝えるメッセージは、「常にその時点で自分たちにできるベストを尽くせ」ということ。決して難しいことを求めていない。選手たちに「ベストを尽くせばできる」と伝えることで選手のやる気を引き出している。なるほど、これはコーチングの基本である。

また、二〇一七年の秋季大阪大会は、例の一塁ベース踏み違いで仙台育英に敗れた夏の甲子園大会後、一ヵ月もしないで始まった。時間的な余裕がなく、ベンチ入りメンバーも十分な競争を経ないまま選ばざるを得なかった。西谷は、ベンチを外れた部員たちを前にこう力説した。

「今はちょっと我慢してくれ。何とか秋季大会を頑張って選抜出場を勝ち取るから、そこまでは協力してくれ。一一月からはお前らを徹底して使うから、そこで勝負してくれ」

「かゆいところに手が届く」とは、このことだろう。ベンチに入れない部員たちの思いを察してしっかり説明している。

そして、一一月になったら、

「これからはチームのことは一切考えなくていい。横でさぼっているやつがいたら放っておけ。自分がうまくなることだけを考えろ」

そう檄を飛ばして月末まで、平日でもナイターを組んで試合に明け暮れた。ベンチ外だった部員に五〇打席を保証して競争をさせ、試合の後には面談して課題を明確にする。そして練習にも徹底的に付き合った。その中でレギュラーやベンチメンバーが入れ替わり、激しい競争が繰り広げられた。

まさに「凡事徹底」だと思う。その時点、その時点で部員の置かれた状況と、何をすべきかをしっかり説明することで、部員の不安を拭い去り、意識を個々の練習に向けさせる。今の子どもには家庭で大切に育てられた「小皇帝気質」が多いから、先行きの不安を取り除くと同時に、明るい未来の予感を提示してやることがとても大切である。

そして、公式戦が近づけば、少しずつチームとしての一体感を持たせていく。その作業は、寮生活を経てお互いを知り尽くした仲間意識をベースに行われ、じっくり熟成させていく。チーム運営のうまさを見ても、大阪桐蔭はそりゃあ強いはずだと思える。

臥薪嘗胆型のＤＮＡ

もっとも、西谷の指導者人生を振り返ると、スキがないわけではない。期待されたチームが、意外に勝てないこともあった。

たとえば、中田翔の世代は、レギュラーのほぼ全員がプロ注目選手だった。それにもかかわらず、三年生最後の夏に甲子園に出られなかった。当時、六月の練習試合を見たが、ぶくぶくと太った中田が、仲間から「お前、またちんたらしてたら怒られんで。しゃきっとせいや」と叱られていたが、それでも中田はニヤニヤしながらちんたら走っていた。「空気がゆるみすぎているな」と思った。

また、大エース藤浪を擁しながら、藤浪が二年生の時には春も夏も、甲子園に出場できなかった。前年の秋季近畿大会で加古川北という公立校に〇対二と完封された。のらりくらりとかわす相手投手に対して攻めの工夫がなく、代打も同じように強振するだけだった。ネット裏で見ていて、

「何か策はないのか」

と思ったのを覚えている。

さらに福島孝輔（同志社大）がエースだった二〇一四年世代は、二年生の秋季大阪大会で

履正社に一対一三となんと五回コールド負けだった。

しかし、中田世代の翌年夏は、チーム力ではやや劣ると思われた浅村栄斗（埼玉西武）の世代が全国制覇を成し遂げる。さらに、藤浪たちが三年生の時には春夏連覇を達成し、福島孝輔世代も翌年夏に全国制覇を成し遂げた。

本章初めにも書いたが、西谷の野球人生を振り返ると、まったくツイてないというどん底から最強チームへと這い上がった「臥薪嘗胆型」と言えた。興味深いことに個々のチームを見ても、同じように「臥薪嘗胆型」の経過をたどるケースがある。もっと面白いのは、大阪桐蔭という学校自体も「臥薪嘗胆型」の〝DNA〟を持っていることである。

大阪桐蔭は、一九八三年、「団塊の世代ジュニア」を受け入れるために「大阪産業大学高等学校大東校舎」として設置された。その後は少子化が進むため、一九九〇年をもって廃校となる予定だった。つまり、生徒の急増に対応するための一時的な学校だったのである。

ところが、卒業生や保護者から母校が廃校になっては寂しいという声が大きくなった。

「僕はまだ学校にいなかったんですが、当時はスポーツクラスと一般クラスの二クラスだったんです。学校が生き残るには、大産大高校より進学実績を上げなければダメだと、一般クラスの生徒を放課後も残してクラブ活動並みのスパルタで受験勉強させたらしいです」

まさに臥薪嘗胆の日々を送った。その結果、関大や関学に合格する生徒がたくさん現れて、廃校の予定が見直される。こうして学校は、「大阪桐蔭」として分離独立を果たした。その時の三年生で野球部にいたのが今中慎二（中日）である。西谷の人生は、よほど「臥薪嘗胆」という四字熟語に縁がある。

最多勝監督への道

西谷は、二〇一〇年代（二〇一〇～二〇一九）の現在、二〇一八年春までに甲子園で春夏合わせて三六勝をあげている。一〇年ごとの年代で区切ると、過去の最多勝は一九八〇年代

2000年代		
1	智辯和歌山	30勝
	出場	春5夏8
	優勝	春0夏1
	準優勝	春1夏1
	4強	春0夏1
2	横浜	21勝
	明徳義塾	21勝
4	広陵	18勝
5	駒大苫小牧	15勝
7	常総学院	14勝
	大阪桐蔭	14勝
	東北	15勝
	帝京	14勝
10	常葉菊川	13勝
	清峰	13勝
12	中京大中京	12勝
	鳴門工	12勝
14	日大三	11勝
	報徳学園	11勝
	東洋大姫路	11勝
17	愛工大名電	10勝
	早稲田実	10勝
	済美	10勝
	天理	10勝

2010～18年選抜		
1	大阪桐蔭	36勝
	出場	春7夏4
	優勝	春3夏2
	準優勝	春0夏0
	4強	春1夏0
2	光星学院	19勝
3	東海大相模	17勝
	作新学院	17勝
	敦賀気比	17勝
6	仙台育英	16勝
	聖光学院	16勝
8	明徳義塾	15勝
	履正社	15勝
10	日大三	14勝
11	興南	13勝
	健大高崎	13勝
13	智辯学園	12勝
	浦和学院	12勝
15	花咲徳栄	11勝
16	関東一	10勝
	秀岳館	10勝
	智辯和歌山	10勝
	三重	10勝
20	龍谷大平安	9勝
	盛岡大附	9勝
	前橋育英	9勝
	常総学院	9勝
	鳴門	9勝

十年紀ごとの学校別甲子園勝利数ランキング　1960年代以降

1960年代

1	中京商	23勝
2	平安	17勝
3	松山商	15勝
4	高知	13勝
	広陵	13勝
	北海	13勝
7	法政二	12勝
	浪商	12勝
	報徳学園	12勝
10	作新学院	11勝
	銚子商	11勝
12	高松商	10勝
	下関商	10勝
	岐阜商	10勝
15	徳島商	9勝
16	三重	8勝
	市和歌山商	8勝
	岡山東商	8勝
	静岡商	8勝
	尾道商	8勝
	米子東	8勝
	土佐	8勝
	津久見	8勝

1970年代

1	箕島	24勝
2	銚子商	19勝
	天理	19勝
	ＰＬ学園	19勝
5	広島商	18勝
6	高知	13勝
	報徳学園	13勝
	東洋大姫路	13勝
	高知商	13勝
10	東海大相模	12勝
	今治西	12勝
12	中京	11勝
13	池田	10勝
	東邦	10勝
15	県岐阜商	9勝
	岡山東商	9勝
17	浪商	8勝
	高松商	8勝
19	北陽	7勝
	平安	7勝
	智辯学園	7勝
	津久見	7勝

1980年代

1	ＰＬ学園	44勝
	出場	春６夏４
	優勝	春３夏３
	準優勝	春１夏１
	４強	春１夏０
2	池田	27勝
3	帝京	19勝
4	高知商	17勝
	横浜商	17勝
6	天理	14勝
	上宮	14勝
	中京	14勝
	東海大甲府	14勝
10	宇部商	13勝
11	早稲田実	12勝
	広島商	12勝
	東北	12勝
14	報徳学園	10勝
	沖縄水産	10勝
16	東邦	9勝
	京都西	9勝
	熊本工	9勝
	鹿児島商工	9勝
20	横浜	8勝
	松山商	8勝
	明徳義塾	8勝
	津久見	8勝

1990年代

1	智辯和歌山	21勝
	出場	春２夏７
	優勝	春１夏１
	準優勝	春１夏０
	４強	春０夏１
	天理	21勝
	出場	春５夏４
	優勝	春１夏１
	準優勝	春０夏０
	４強	春０夏１
3	鹿児島実	20勝
	ＰＬ学園	20勝
5	帝京	15勝
6	星稜	14勝
	明徳義塾	14勝
8	横浜	13勝
9	常総学院	12勝
	樟南	12勝
11	平安	11勝
	沖縄水産	11勝
	育英	11勝
14	桐生第一	10勝
15	仙台育英	9勝
	春日部共栄	9勝
	徳島商	9勝
18	浦和学院	8勝
	国士舘	8勝
	敦賀気比	8勝
	上宮	8勝
	松山商	8勝
	西日本短大付	8勝

19	**原田英彦**	平安・**龍谷大平安**	**26勝15敗1分**	春9 夏7	V1 春1
	三原新二郎	広 陵 福 井 京都西・外大西	8勝3敗 3勝2敗 15勝9敗 **26勝14敗**	春1 夏2 春1 夏1 春4 夏5	
	久保克之	鹿児島実	**26勝18敗**	春7 夏12	V1 春1
	森 士	**浦和学院**	**26勝19敗**	春10 夏10	V1 春1
	枦山智博	鹿児島商工・樟南	**26勝23敗**	春7 夏16	
24	谷脇一夫	高知商	**25勝13敗**	春5 夏9	V1 春1
	上甲正典	宇和島東 済 美	10勝10敗 15勝5敗 **25勝15敗**	春4 夏7 春2 夏4	V1 春1 V1 春1 V2 春2
26	玉国光男	宇部商	**24勝16敗**	春5 夏11	
	門馬敬治	**東海大相模**	**24勝6敗**	春6 夏3	V3 春2夏1
28	古屋文雄	横浜商	**23勝8敗**	春3 夏5	
	斉藤一之	銚子商	**23勝10敗**	春5 夏6	V1 夏1
	永田裕治	報徳学園	**23勝17敗**	春11 夏7	V1 春1
	斎藤智也	**聖光学院**	**23勝19敗**	春5 夏14	
31	**迫田穆成**	広島商 **如水館**	16勝5敗 6勝8敗1分 **22勝13敗1分**	春3 夏3 春1 夏7	V1 夏1
	山下智茂	星 稜	**22勝25敗**	春11 夏14	

（一九八〇〜一九八九）にPL学園の中村順司がマークした四四勝である。あと三大会で九勝をあげれば、PL学園の全盛期を上回る。まずは二〇一八年の根尾・藤原世代で何勝を積み上げられるか。西谷が「勝って当たり前」と見られる中でもしっかり勝ち切れれば、今年で一〇〇回を数える高校野球の歴史の中で西谷率いる大阪桐蔭が真の頂点に立つ。

監督別　甲子園勝利数ランキング（2018年選抜まで）

監督・学校名の太字は現役をあらわす

	監督	学校	勝敗	出場回数	優勝回数
1	**高嶋　仁**	智辯学園 **智辯和歌山**	７勝３敗 61勝31敗 **68勝34敗**	春２ 夏１ 春12 夏22 春14 夏23	Ｖ３ 春１夏２
2	中村順司	ＰＬ学園	**58勝10敗**	春10 夏６	**Ｖ６ 春３夏３**
3	渡辺元智	横　浜	**51勝22敗**	春15 夏12	Ｖ５ 春３夏２
	前田三夫	**帝　京**	**51勝23敗**	春14 夏12	Ｖ３ 春１夏２
5	**馬淵史郎**	**明徳義塾**	**50勝31敗**	春14 夏18	Ｖ１ 夏１
6	**西谷浩一**	**大阪桐蔭**	**49勝９敗**	春８ 夏７	**Ｖ６ 春３夏３**
7	木内幸男	取手二 常総学院	８勝５敗 32勝14敗 **40勝19敗**	春２ 夏４ 春５ 夏11 春７ 夏15	Ｖ１ 夏１ Ｖ２ 春１夏１ Ｖ３ 春１夏２
8	蔦　文也	池　田	**37勝11敗**	春７ 夏７	Ｖ３ 春２夏１
	阪口慶三	東　邦 **大垣日大**	25勝23敗 12勝７敗 **37勝30敗**	春13 夏11 春３ 夏４ 春16 夏15	Ｖ１ 春１
10	尾藤　公	箕　島	**35勝10敗**	春８ 夏６	Ｖ４ 春３夏１
11	深谷弘次	中京商・中京 三　重	31勝８敗 ２勝３敗 **33勝11敗**	春５ 夏６ 春２ 夏１	Ｖ３ 春２夏１
	小倉全由	関東一 **日大三**	７勝４敗 26勝14敗 **33勝18敗**	春２ 夏２ 春７ 夏９	Ｖ２ 夏２
13	**中井哲之**	**広　陵**	**32勝15敗１分**	春10 夏７	Ｖ２ 春２
14	北野尚文	福井商	**31勝36敗**	春17 夏19	
15	竹田利秋	東　北 仙台育英	18勝17敗 12勝10敗 **30勝27敗**	春９ 夏８ 春４ 夏６	
16	佐々木順一朗	仙台育英	**29勝19敗**	春６ 夏13	
	杉浦藤文	中京商・中京	**29勝11敗**	春７ 夏６	Ｖ２ 春１夏１
18	栽　弘義	豊見城 沖縄水産	７勝６敗 20勝11敗 **27勝17敗**	春３ 夏３ 春３ 夏８	

第2章　東海大相模　門馬敬治

「オヤジさん」と呼べる師匠をもった幸せ

激戦区・神奈川県大会

監督就任一年目から華々しい活躍だった。

東海大相模の監督に門馬敬治が就任したのは、門馬が三〇歳となる一九九九年（平成一一）の四月だった。その年の秋に春日部共栄や桐生第一といった強豪校を倒して関東大会で優勝すると、翌年の第七二回選抜高等学校野球大会でも一気に頂点に駆け上がった。選抜の決勝戦では、当時、全盛を誇っていた智辯和歌山を四対二で破っている。あの高嶋仁監督に対しても臆することなく采配をふるい、送りバントを命じたかと思えば、強攻やエンドランもピタッと決めて選手たちを自在に操った。高校野球ファンの間でも、「名門の復活！」と門馬への期待が高まった。

しかし、門馬の苦悩は、そこから始まる。強豪私学がひしめく神奈川県内で、勝ち切れなくなったのである。県大会でベスト8以上に駒を進めても、桐光学園や向上、神奈川県立商工などに行く手を阻まれた。

渡辺元智監督と小倉清一郎部長の横浜コンビと初めて対戦したのは、選抜優勝から三年後の二〇〇三年夏。神奈川予選の準決勝で成瀬善久（千葉ロッテ、東京ヤクルト）と涌井秀章（埼玉西武、千葉ロッテ）という二枚看板を擁するチームに挑んだが、〇対二で敗れた。

「ヒットが六本ずつで得点は二点差。選手たちは本当によくやってくれました。しかし、監督の戦いでは『〇対一〇〇』。私の完敗でした。渡辺さんと小倉さんのコンビにはまったくスキがなく、逆にこちらに覆いかぶさってくるようなプレッシャーがありました。それも一枚ではなく、二枚で来るので、気にしなくていいことまで気になったりして。頭を普通の試合の四倍も、五倍も使わなきゃいけませんでした。結局、人間として、監督として私の完敗だったんです」

翌二〇〇四年（平成一六）の夏にはなんと三回戦でノーシードの平塚学園（七対八）に足元をすくわれた。平塚学園は甲子園へ出場経験もある実力校だが、東海大相模が「三回戦で敗退」という事態は全国ニュースになるほどの衝撃だった。

しかも、選抜の優勝から四年、甲子園へは一度も出場できていなかった。門馬は、このままクビを切られても仕方ないと覚悟せざるをえなかった。

門馬の運命のすべては、東海大系列の野球部総監督である原貢が握っていた。

原貢との出会い

門馬は小学生の頃、実は横浜高校のファンだった。六年生の夏（一九八一年）、横浜と東海大相模の決勝戦を横浜スタジアムで観戦している。前年の夏、横浜はエース愛甲猛を擁して全国制覇を果たしており、横浜市民だった門馬少年はしぜんと横浜高校を応援していた。

「横浜はピッチャーが長尾（和彦）さん、キャッチャーが片平（保彦）さん、よく覚えていま す。試合も九対三で横浜が勝ったんですが、試合が終わるとむしろ相模のほうに惹かれていました。野球というのか、雰囲気というのか、小学生だったのでなんとなくですが、負けた相模のほうに行きたいと思いました」

この年、相模のベンチで采配を振るっていたのが、あの原貢だった。一九七〇年代に「東海大相模」の名を全国に轟かせた名将は、息子・辰徳（東海大―巨人）の進学とともに東海大の監督に就任したが、辰徳の巨人入り後、相模の監督に復帰していた。門馬は、たまたまその試合を見て何かを感じる。門馬の人生においても、この試合が大きな分岐点となった。

これをきっかけに、門馬は東海大相模中等部を受験して中学校の三期生となり、「相模一筋」の人生が始まった。

ただし、門馬の現役時代は、それほど華やかではない。中学三年生の時、「東海クラブ」というチーム名で出場した全日本少年軟式野球大会（横浜スタジアム）で準優勝しており、高校でも甲子園出場は手に届くはずの目標だった。しかし、キャプテンとして挑んだ最後の神奈川予選（一九八七年）、門馬は準決勝の後、激しい腰痛に襲われた。立っていることも苦痛になり、救急車で病院に担ぎ込まれている。

「診察を受けたら、そのまま入院するように言われましたが、うちの母親が強い人間で『あなたがキャプテンなんだから帰りなさい』、『キャプテンが最後の試合にいないなんてあり得ない』と言い出しまして、クルマに乗せられて寮へ帰りました。翌朝にもう一度診察を受けてから、横浜スタジアムへ向かいました」

横浜商との決勝戦には三番セカンドで強行出場したものの、二打席凡退に終わったところで代打を送られた。試合も二対四で敗れ、甲子園の土は踏めずに終わった。

門馬は、その後東海大へ進む。しかし、ヘルニアで五回も入退院を繰り返すほど腰の状態が悪化して満足にプレーすることができなかった。大学二年の終わりには「もう野球を辞めよう」と考えたが、そんなタイミングで、なんと原貢が東海大の監督に復帰する。それまで原貢は東海大系列校の野球部総監督という立場だった。よほど原貢と門馬は縁が深いのだろう。周囲の勧めもあって、門馬はマネージャー兼学生コーチとして原監督に仕えることになった。

門馬敬治

さらには、卒業後もコーチとして大学に残り、原貢の下で指導者としての修業を続けた。そして相模高校のコーチになってから四年後の一九九九年に監督に昇格したのだった。

三池旋風

東海大系列の学校では、当時、公式戦を終えると、各チームの監督は原貢に試合結果を報告することになっていた。しかし、門馬は三回戦で平塚学園に敗れた後、野球部寮の監督室へ戻っても電話機になかなか近づけなかった。門馬にとって原貢はそれほど偉大な師匠であり、恐ろしい存在であった。勇気を振り絞って電話をすると、案の定、怒声が耳に突き刺さった。

「馬鹿野郎、お前は話にならん。野球をまったくわかっていない」

そのまま電話も切られてしまった。

門馬は原貢の自宅を訪ねようと思ったが、今度は足がすくんで動かなかった。なんとか自宅までたどりつくと、「監督なんかやめちまえ」とまた怒鳴られた。原貢の罵声には、得も言われぬ凄みがあった。説教が続く間、門馬はうなだれ、涙を流すことしかできなかった。

「これを読んでみろ」

帰り際、一冊の本を渡される。

『炭鉱町に咲いた原貢野球――三池工業高校・甲子園優勝までの軌跡――』（澤宮優著　現代書館）。

一九六五年（昭和四〇）に全国制覇を成し遂げ、炭鉱の町に歓喜をもたらした三池工業高校（福岡県）について書かれたノンフィクションだった。球児たちのひたむきな取り組みと、チームを率いた原貢のリーダー像が詳しく描かれていた。

その本を抱えたまま、門馬は何かに導かれるように羽田空港へ向かっていた。

「羽田空港からそのまま福岡へ行きました。大牟田駅に着くと、大きな道路をまっすぐ歩いて右に曲がったところに三池工業高校がありました。グラウンドで野球部が練習をしていたので、一塁側に座って見せてもらいました。誰ともしゃべっていません。三池工の方たちからすると、変なヤツに見えたと思います。その後、校舎の中を歩かせてもらうと、優勝盾が飾ってありました。私が大学生の頃から原のオヤジさんや当時のメンバーの方々に思い出話を何度も聞かせてもらっていました。学校の中を歩いていると、当時の練習風景や人々の熱気、若い頃の原のオヤジさんのことなどがまるで目の前に浮かんでくるようでした。この時、僕は原のオヤジさんが二〇代の頃に過ごした場所で、その頃と同じ空気を感じたいと思っていたのです」

原貢は、二九歳の時、福岡県の炭鉱の町にある三池工を監督として全国制覇に導いた。

当時は高度経済成長期で石炭から石油へというエネルギー革命の真最中。さびれゆく炭鉱の町は、追い打ちをかけるように労働争議や爆発事故が続いて重い空気に包まれていた。そんな時期、甲子園に出場した三池工の子どもたちが高松商や報徳学園を破って勝ち上がり、アルプススタンドに、

「月が～　出た出た～　月が出た～　ヨイヨイ」

と炭坑節が響き渡る。そして決勝戦でも銚子商を二対〇と倒し、炭鉱の町の人々を熱狂の渦に巻き込んだ。優勝パレードには人口二一万人の大牟田市に三五万人の人々が詰めかけたという。

この「三池旋風」の実績を買われ、原貢は東海大相模の監督として招かれた。そして、東海大相模をゼロから全国レベルの強豪校に育て上げたのである。

勝利への指針

二〇〇四年当時、原貢は再び東海大学系列校の野球部総監督に就いていた。門馬とて、原貢の願いが「強い相模であり続けること」というのはわかっている。と同時に、相模に来てくれた子どもたちを一人前の人間に育てることであることも理解していた。だからこそ、門馬は勝てない中で、自身のふがいなさに打ちひしがれていた。指揮官として選抜大

会で優勝という実績はあったが、門馬は高校、大学で選手として大活躍したわけではない。選手として知名度が低いうえに監督としても結果が出ないことで、東海大グループの中でも「門馬に監督は無理だろう」という声が大きくなっていた。精神的に追い込まれた門馬は、いつしか原貢から「監督なんかやめちまえ」と怒鳴られることを最も恐れるようになっていた。

「原のオヤジさんから怒られるたびに、原貢という人間が僕から遠ざかっていくような気になっていたんです。僕は、原のオヤジさんに見捨てられることを恐れていました。でも、三池工まで行ってオヤジさんの若い頃と同じ空気を感じて冷静になると、実際は僕のほうがオヤジさんに怯えて後ずさりしていたことに気づきました。僕自身の問題だったんです」

勝てない時こそ向き合うべきは、自分自身のあり方だった。それに気づくと、門馬の心には原貢の「お前の野球は何なんだ？」という問いかけがよみがえってきた。こう言う時の原貢は、門馬の目を見据えて諭すようにしゃべりかけた。

「『お前には軸がない』というのも、オヤジさんからよく言われた言葉でした。こっちがよければ、こっちに行くし、そっちにも行く。お前の野球は何なんだ、と。基本がしっかりしなければ、始まらないということだと思いました」

三池工時代の原監督は、一九六五年の段階で「打ち勝つチーム」を作り上げていた。まだ金属バットがなく、非力な高校生はコツコツと当てて転がせという指導が主流だった。そんな時代に、原貢はボールを十分に引き付けてコンパクトに鋭く振り切るというバッティングを教えた。そして「攻撃は最大の防御」と説き、ランナーが出るとエンドランや盗塁を仕掛けることで「相手より先に、先に動くこと」を戦術の基本とした。ランナーが一死で三塁にいても、スクイズより外野フライを狙わせる。こうした攻撃の前提として相手投手を分析し、狙い球や攻略法を徹底していた。その一方で、甲子園の大舞台では相手や状況に応じて送りバントやスクイズのサインを出している。そういう柔軟性も併せ持っていた。

さらに、「練習中は水を飲んではいけない」という時代に、甲子園のベンチへもスポーツドリンクを持ち込んでいたし、試合前には病院で栄養補給のためブドウ糖注射を打ってもらっていた。勝つために何が必要なのか。人よりも常に先に、先に考え、手を打つという周到さもあった。

勝利に向かって明確な指針をもつ原貢から見ると、門馬の野球は、いったい何がしたいのかわからなかった。何がしたいかわからないということは、チームや選手個々について分析もできていなければ、普段の練習や行動が実戦につながってもいないことを意味していた。

「オヤジさんは面と向かっては言わないのですが、本気で勝つための練習や準備をしているのかと問うていたのだと思います。オヤジさんに認められるためだけの練習ではないのか。オヤジさんに怒られないような、見てくれのいい練習ではないか。そう問われているように思いました」

自分磨きとチーム磨き

この頃、門馬は人伝てに、オヤジさんが「門馬に勝たせてやりたいんだよな」と話していたことを知る。しかし、原貢という人は、そんな優しい言葉を直接かけるような人ではなかった。かといって、こういう野球をしろとか、そのためにはこんな練習をしろと指示する人でもなかった。ただ「お前の野球は何なんだ？」と問いかける。質問の受け取り方も、その後にどんな行動をとるかも、その人に任せた。でも、門馬はオヤジさんからヒントをたくさん与えてもらったという。

「たとえば、オヤジさんは戦国武将についても詳しかったです。自分はどの武将が好きだとか、お前の野球は誰に似ているとか、そんなことは一切言わないんですけど、こういう武将もいる、こういう戦術もある、あの合戦の勝敗を分けたのはこんな決断だったなどとヒントをいっぱいくれました。将棋を指しても『お前の攻め方はこうだけど、こんな攻め方もあるし、こんな攻め方だってあるぞ』と話してくれました。一緒にセメントを練って作業した時も『高校野球の指導者たる者、こういうところに目が届かないようではダメだ』

なんて指摘されました。歴史や将棋、それからセメントのことまで、『雑学王』とでもいうのか、原のオヤジさんはいろんなことにとても詳しかったです。ましてやバットやボール、グラブについても知識が豊富でした。スポーツメーカーの担当者でも『お前の学校に行く時は相当覚悟して行かなきゃなんない』とこぼしてました。オヤジさんはいつ勉強しているんだ？　と不思議に思うくらいいろんなことに詳しかったです。日常のすべてを試合で勝つために、人が育つために結びつけて考えていたのがオヤジさんでした」

「育む」の語源は「羽包《はく》む」である。親鳥がヒナを羽で包んで成長させるところから来ている。原の教え子たちは、あたかも原の深い懐の中で抱えられているような気分になった。だからだろう、教え子たちは原のことを「オヤジさん」と呼んで慕う。

門馬は、オヤジさんが移動する時に運転手を務めていた時期がある。運転中は、クルマを停車させてはいけないというのがルールだった。

「止まってはいけないんですから、信号が赤になりそうだったら、信号までの距離と道路状況を考えて走るスピードを調整するんです。先に先にいろんなことを確認しながら運転していきます。野球でも細かいことに気づいて、先に先に手を打たなければ、一瞬の勝負のスキをつけないということを車の運転で教えてくれたんだと思います」

門馬は、三池工への〝センチメンタル・ジャーニー〟をきっかけに大きく変わっていった。門馬はもう三五歳だったから、感傷に浸っている余裕はなかった。それからは怒鳴られても、オヤジさんの真意を考えるようになった。怒鳴られるたびに後ずさりしていたのが、怒鳴られてもオヤジさんに寄り添うようになった。二人の間が、真の師弟関係に変身した瞬間かもしれない。

「オヤジさんが教えてくれたのは、結局、『自分磨き、チーム磨き』をしろよということだと思います。自分を磨いて成長していかないと、チームも成長しないぞ、強くならないぞということを教えてくれていました。野村克也さんは本の中で『組織はリーダーの器以上に大きくならない』と書いておられました。野村さんはそれを本で多くの人に伝えましたが、オヤジさんは僕との会話の中で教えてくれました。それも、オヤジさんの身をもって教えてくれたと思っています」

すべてが実戦

自分の戦い方が決まれば、練習の中身が決まる。練習の中身が決まれば、今度は中身の質が問われてくる。

門馬は自分磨き、チーム磨きの中で「一歩グラウンドに入れば、すべてが実戦」という練習法を確立させた。こう書くと、門馬は「『練習法』ではなく、実戦です。練習なんかしません。練習になってしまうと成長を妨げます。毎日が試合だと思ってやってます」と言うはずである。それほどグラウンド内では実戦にこだわっている。

普段のグラウンドでも試合形式の実戦が多く、一球一球が真剣勝負である。シート打撃はもちろん、フリー打撃も常に実戦を想定して行う。ノックでも必ずランナーをつけてランダムに打つ。どこかのチームを想定して打者ごとに予想される打球を打つこともあれば、特定の選手にこだわり、打球の傾向を確認することもある。また、ダッシュ一本でも実戦を想定する。選手たちは「ここでアウトになったら甲子園に行けない」という思いを込めて走っている。確かに、送球を受けた一塁手がベースを踏み違えることもあるかもしれない。

「甲子園で優勝したいなら、普段から甲子園仕様で動かなきゃいけないと思っています。たとえば、甲子園では試合前のキャッチボールは時間をかけてできません。ベンチ前でピャッピャッとやったらノックになります。だったら、日頃から甲子園と同じように動いておくべきなんです。大阪桐蔭と練習試合をした時に、試合前、うちの選手たちに『何か気づかないか』と尋ねたことがありました。大阪桐蔭は試合前にキャッチボールをすると、ペッパー（トスバッティング）をしないんです。神奈川大会ではOKですけど、大阪大会では禁止されている。甲子園でもペッパーはできない。『あそこにも甲子園仕様があるぜ』って言ったんです」

「問答式」「自己検証型」

東海大相模では、グラウンドを離れると、そこで初めて「練習」になる。自分の課題と向き合い、自身の技を磨いていく。ただ、その指導法は独特である。言ってみれば、「問答式」であり、「自己検証型」である。

たとえば、打撃の指導について、門馬はこんな話をする。

「極端なことを言えば、誰でも『突っ込むな』、『開くな』、『残せ』、この三つの言葉を使えばバッティングの指導はできると思うんです」

バッティングで「突っ込むな」とは、ピッチャー寄りの足をステップすると同時にバットや体までピッチャーのほうへ動かすなという意味である。「開くな」とは、バットを振ろうとする時、ピッチャー寄りの肩を早く回しすぎたり、ピッチャー寄りの腰や膝がピッチャーの方を向かないようにするということ。「残せ」はバットを振る時、体重をキャッチャー寄りに残すことをいう。言い換えれば、バットの振り始めから振り終わるまで「頭」の位置が動かないように気を付けるということで、それによってキャッチャー寄りの足を軸にした回転でバットを振ることができるとされている。

簡単に言えば、ボールを呼び込んできれいな軸回転で打つために、野球界では「突っ込むな」、「開くな」、「残せ」という言葉が広く使われている。

「でも、うちの選手たちに言うのは、『果たしてこれらの言葉は正しいのか、考えろよ』ということです。指導者は教えすぎてはいけないと思うんです。野球界で常識とされていることも、鵜呑みにしないで自分で試してみることが大切だと思っています。単純に考えても、開かなかったら(肩や腰、膝が回らなければ)、そもそもバットが振れないですよね。『開かないでバッティングしてみな』とさせてみたり、『開かないと打てないね』と確認したりして『じゃあ、開き方ってどうなんだろうか?』と尋ねたりします。時には『思いっきり突っ込んでみな』と言って自分で考えさせます」

こうした問いかけ型の指導は、幕末に松下村塾を開いた吉田松陰を思い起こすが、門馬は師匠の原貢から受け継いだという。

「本人が考えた結果、答えが合っているか、間違っているかはどうでもいいことなんです。もっと言えば、答えを出さなくてもいい。選手たちには『自分で考えることが大切なんだ』と説明しています。他人に聞いたことは、時間が経つと忘れがちです。特にうまくいかなかったことは忘れてしまいます。だけど、自分で試行錯誤したことは全部残ります。試してみたことが、いつ役に立つかはわからないですよね。大学生になった時に役立つかもしれないし、数ヵ月後、よそのチームを見ていてふと何かに気づくかもしれません。だから、自分で試してみたほうがいい。現実に、成長する選手というのは自分で試しながらどんどんどんどん変わっていきますよ」

なるほど、体験したことを「エピソード記憶」として脳に蓄積させたほうが、いつまでも覚えているし、自分のものにもなりやすい。

また、一人の教師（社会科）としても、教え子に考える習慣をつけさせることが大切だと考えている。

「学校の前に横断歩道があって、登校時間に立ったことがあるんです。普段から教師が立って指示するものですから、車も来ないのに立ち止まったまま、私の方を見ている生徒がいました。そうかと思ったら、私が何も指示しないでいると、車が来ているのにそのまま渡ろうとした生徒もいて、『おいおい、危ないよ。ひかれちゃうよ』と注意しました。高校生に『自分で渡れるかどうか、判断しなさいよ』と言わなきゃいけないんです。今の大人が、こういう子どもたちを作ってしまったと思っています。知識詰め込み教育で、勉強の仕方は暗記ですから。知識のインプットはしますが、アウトプットはしません。応用、活用がないんです。そういう日々の繰り返しの中で、指示を待つだけの子が育っている。それで社会に出てどうなるのか。だから、野球部員たちには自分で考える、自分で判断する。野球以外でも、そういう習慣が身につくきっかけを作ってあげたいと思っているんです」

こうした経験から、門馬は「心技体」という言葉も「心・頭（考）・体・技」と言い換えている。「うまくなりたい」と思っても、「考えながら」がなければ上達しないからである。

「うまくなりたい。じゃあ、練習しよう。『それだけで、うまくなるわけないじゃん』と言うんです。『どんな選手になりたいの』、『そのためにはどうすればいいの』と考えなければ、時間をかけて取り組んでもうまくなるわけがないんです。愚痴を言ってるやつもいますけど、『愚痴を言っても、相手は変わらないじゃん。自分が変わらなきゃ相手も変わらないのに、愚痴を言って相手が変わってくれるのか』と話しています。自分を試合で使ってくれない。じゃあ、門馬に『僕を試合で使ってください』と言えば、使ってもらえるのか。高校野球は二年半といいますけど、怪我もすれば、学校行事もあって約二年ほどしかない。時間がないんですよ。『お前、寝ないで練習するの？　オレは寝ないで練習してほしいけど』と言うんです」

練習を工夫する

自分で考えてやってみて、修正していく。これは、バッティングだけでなく、さまざまな場面で貫いている。

「たとえば、野球界では送球する時、『肩、入れろ』といいます」

投げる時、肩先を投げる方向に向けるという意味である。

「でも、プロ野球やメジャーリーグを見ていると、いちいち肩を入れて投げていません。うまい内野手は肩を入れないのに、すごいボールを放ります」

テレビで野球中継を見ていてこんな疑問が浮かべば、すぐに自分で試してみる。

「ショートゴロで、ダブルプレーを狙ってセカンドへ送球する時もそうです。ショートが左肩を入れて、なおかつグラブを胸の直前にもってくると、かえって投げられませんよ。じゃあ、どうするんだと考える。自分で調べて『割れる』という言葉が出てきたら、じゃあ、『割れる』ってどうするんだと試してみる。そうすると、右手と左手を下に向けるだけでいいんだとわかってきます。プロのキャッチャーも、それで二塁へ投げています。右投げの場合、右手の親指が下を向くと、自然にヒジが上がるから投げられるんです」

門馬は、バレーボールやバスケットボールなど他のスポーツの動きにも詳しい。

「人間のカラダの使い方という点で言えば、アタックと腕の振り、レシーブと守備などどんなスポーツでも共通する部分があります。野球では投げる時に『ヒジを柔らかく使え』と言われますが、バレーボールの選手がアタックする時、ヒジを柔らかく使えと言うとフェイントしかできないんです。そういうことも考えて、また自分の送球や投球に戻ってくる。自分であれこれ考えて、考えに詰まったら、『他のスポーツではどんな動きをしている?』。こういう問いかけはよくします。いろいろと試して感じる、考えてみることが大切で、答えは出さなくてもいいと言っています」

また、野球には「バスター」と呼ばれる打ち方がある。バントの構えから、いったんバットを引いて打つという方法である。

「バスターって、よくバットの振り幅が小さくなるから打ちやすくなると言われますが、私は『打つポイントを決めてバットを振るから打てる』と考えています。バントの構えをしている時、そのポイントでボールを打とうと決めているんです。では、『打つポイントを決めて打つのは、他にどんな時がある?』といえば、ノックですよね。『サード、行くぞ』とゴロを打つ時、予めどのポイントで打つか決めています。実際、選手にノックを繰り返して打たせると、バッティングも上達します。どのポイントでボールを捉えようとするか、常に意識するようになるからです。ノックってすごくいいバッティング練習になります」

選手たちは朝と夜にも個人練習をしているが、門馬はあえて口を出さないようにしているという。

「コーチに『出て来ないでください。監督がいると監督のためにやります』と言われたことがあったんです。監督がいるからやってますって、そんなのは練習じゃないです。コーチも『監督には言いづらいことでも、僕らには見てくれますか、手伝ってくれますかと言ってきます。後で監督には報告しますから』と言ってくれています。朝練習も、僕はふらっと行って新聞を読みながら、コーチがノックを打ったり、教えていたりしているのをチラチラ見ているだけです。大学生や社会人になれば、自分で工夫して練習するしかありません。コーチに任せるところは任せて、自分が成長するための取り組みができる環境を作っています」

「アグレッシブベースボール」

門馬が日々の取り組み方を見直すと、東海大相模は二年連続で選抜大会に出場した。そして、二〇〇六年（平成一八）の春季神奈川大会の決勝では、監督就任以来三試合目の対戦にして初めて横浜から勝利（九対七）をあげた。四年後の二〇一〇年には春夏連続で甲子園に出場し、夏は準優勝に輝いた。さらに、その翌年、東日本大震災の直後に開催された選抜大会で一一年ぶりの全国優勝を飾れば、二〇一五年の夏にも、小笠原慎之介（中日）、吉田凌（オリックス）という二枚の超高校級投手を擁して全国制覇を達成した。

とりわけ二〇一五年は、横浜の渡辺元智にとっては監督生活最後の夏だった。門馬とすれば何度も煮え湯を飲まされた相手だったが、決勝戦で九対〇と圧勝。「最後の夏を甲子園で過ごしたい」という渡辺の願いを完膚なきまでに打ちのめしている。また、その前年は、横浜の小倉清一郎（当時はコーチ）の最後の夏だったが、これも準決勝で対戦し五対三で勝った。「最後の夏に全国制覇を」と意気込む小倉に対しても、〝相模プライド〟で痛烈なお返しをしたのである。

門馬は、甲子園で優勝すれば日頃のトレーニング内容を見直すという。優勝したから、これまでのトレーニングでよいとは考えない。成功体験にしがみつくのではなく、もう一段上をめざすためにトレーニング内容も進化させていく。常に原貢の言う「自分磨き、チーム磨き」を意識している。

戦い方も、常に先手、先手で攻撃を仕掛けていく「アグレッシブベースボール」を標榜する。一つ一つのプレーで相手にプレッシャーをかけ、ここぞの場面で一気に相手を圧倒する。それを繰り返して勝利をめざすという前のめりの姿勢がチームに浸透している。それでいて、原貢と同じように相手や試合展開に応じて臨機応変に対応する柔軟さも併せ持つ。

「采配は迷わないということを肝に銘じています。原のオヤジさんは『弁解野球をするな』とよく言ってました。こうやったんだけど、うまくいかなかったとか、選手がうまく動かなかったとか。送りバントで二塁に送っとけば、怒られないだろう、というような野球はするなとも言ってました。私はベンチではあまりしゃべりません。それまでの実戦（練習）の中で、こういう場面ではこういうサインが出るよ、こんな場面でこれをすると門馬は怒るんだよな、そういうことを感じておいてほしいんです。そうすることで公式戦とオープン戦、そしてグラウンドでの実戦がつながってきます。つながったチームは強いです。ゲーム形式の実戦ではたまにコーチにサインを出してもらって、それをベンチから黙って見ていることもあります。そして、『今のサインをどう思う？』と選手に尋ねる。『監督だったら初球にサインが出ると思います』とか、『監督だったら、ここは一球待つと思います』とか、そういうことが答えられるまで鍛えていかないとダメだと思っています」

門馬は二〇一八年春までの監督生活一九年間で春夏合わせて九回甲子園に出場し、優勝三度、準優勝一度に輝く。激戦地の神奈川なので甲子園に出場すること自体が大変だが、出場すればかなりの強さを発揮している。

「いや、西谷には負けてますよ。西谷は、甲子園に出れば優勝しているというイメージがあります。西谷に比べたらまだまだです。大阪桐蔭にはいい選手が来ていますが、いい選手が来るだけでは勝てませんから。本気で日本一を、プロ野球選手をめざす選手がいて、西谷が彼らを鍛えています。だから勝てるんです。（横浜の）小倉さんも、『いい選手が来てもいい練習しないと勝てないからな。いい選手が来て、それをしっかり鍛えた後に勝利があるんだから』とおっしゃってました」

門馬と、大阪桐蔭の西谷浩一は同じ一九六九年（昭和四四）生まれで、普段から交流がある。毎年夏の大会前には練習試合もしているが、門馬は日頃から「西谷が目標」と公言している。

念のために調べてみると、西谷は監督生活一八年間で春夏合わせて一五回出場（門馬は九回）、優勝六度（門馬は優勝三度準優勝一度）である。甲子園での勝率は西谷が四九勝九敗（勝率八割四分五厘）に対して、門馬が二四勝六敗（同八割）と、確かに西谷に差をつけられている。

“探真究理”の指導法

門馬の話を聞いていると、「いつ勉強してるんだ？」と不思議に思うほどいろいろなことに詳しい。当然、選手の考えるレベルが一段上がれば、それにも対応できる知識はある。

「たとえば、軸の話をする選手がいると、軸って何？　というところから入るのが僕の考え方なんです。人間は二足歩行です。二足歩行なのに、『軸』は一本という前提になっています。そうかと思うと、『軸足』と言うけど、『軸足』って厳密にはどういうことなのか。『軸足に残して』と言うけど、軸が真ん中という意味なら、キャッチャー寄りの足は、真ん中じゃないのに、なぜ軸足って呼ばれるのかって疑問です。考えてみれば、野球界ではさまざまな用語が都合よく使われているじゃないですか。しかも、定義があいまいでしょう。だから、自分でいろいろ試してみろよという話になるんです」

また、現在の野球界では、投手は軸足でまっすぐ立ち、重心移動していく時には両肩を水平に保ったままというフォームが推奨されている。

「でも、金田（正一）さんでも、江川（卓）さんでも、桑田（真澄）さんでも、松坂（大輔）でも、重心移動していく時に左肩（金田は左投げなので右肩）が上がって右肩（同左肩）が下がっています。野茂（英雄）さんもそう。すごいピッチャーたちのフォームを見ると、バッター側の肩が上がった状態からいったん両肩を水平に戻して投げている。じゃあ、今の『水平を保つ』という教えは正しいのか。いろいろ試してみると、新しいことに気づくかもしれないぞと思います」

投げる時には、金田や江川のように後ろ側の肩を下げ、反動をつけた方が腕を速く振りやすい。しかし、反動をつけて投げようとすれば、それだけ足腰や体幹の強靭さが必要になる。足腰や体幹が弱いと、反動によってカラダがブレやすく、コントロールが定まらないからである。そのため、かつては投手の基本はランニングとされ、ひたすら走ることが勧められた。また、体幹のしっかりした選手でなければ、投手として大成しにくかった。現在の野球選手は総じて体幹も足腰も弱くなっており、制球を重視するなら反動をつけない投げ方が推奨されている。また、カラダがブレる原因となりそうな動きを「無駄な動き」と呼んで戒める傾向にある。

実は、この後も延々と門馬の話は続いた。筆者もこの手の話は嫌いじゃないので興味深く聞いた。野球の基本からカラダの機能、動かし方まで深く掘り下げて考えている。

「うちの指導法は、選手の頭がいい、悪いじゃないんです。考える習慣があるか、ないかなんです。自分はあいつとはここが違うと気づいたり、僕やコーチのアドバイスを聞いてどんなことに気づくのか。僕の話を『はい、はい』と聞いていても、全然消化できない選手はいつまでたっても何も変わりません。うまくなっている選手、卒業後も長く野球をしている選手は、高校の時から考える習慣を身につけている選手であり、自分で考えながら試行錯誤していた選手です」

イメージとして、門馬の指導は、大学の理系ゼミのような感じである。大阪桐蔭の西谷が東大受験をめざすエリート予備校、あるいは国家公務員上級試験をめざす文系ゼミのイメージなら、門馬の指導は〝探真究理〟する理系ゼミのようなイメージだろう。学生たちが常識にとらわれず、試行錯誤する。それを「プロフェッサー門馬」が的確なアドバイスをしながら見守る。ちょっと高校野球の指導レベルを超えているんじゃないかと思う。

たとえば、縦軸に「野球選手としてのパフォーマンスのレベル」をとり、横軸には「気づきのレベル」をとる。パフォーマンスのレベルが高くても、気づきのレベルが低いのは、よほど天才的な選手だろう。しかし、こういう選手は逆境に弱い。気づく力が弱いと、いわゆる「素質だけでやっている」という状態になり、不調に陥れば、簡単にあきらめやすいからである。

一方、パフォーマンスのレベルが低くても、気づきのレベルが高い選手もいる。こういう選手は継続的に努力できるし、指導者に向くタイプである。ましてや、気づきのレベルとパフォーマンスのレベルの両方がそれなりに高ければ、大学、社会人と進んでからも、考えるという習慣が身についているので成長していく。

そういえば、東海大相模のOBには大学や社会人を経てからドラフト指名される選手が目立つ。田中広輔（東海大―JR東日本―広島）や市川友也（東海大―鷺宮製作所―巨人、北海道日本ハム、福岡ソフトバンク）、田中俊太（東海大―日立製作所―巨人）、菅野剛士（明治大―日立製作所―千葉ロッテ）、大城卓三（東海大―NTT西日本―巨人）たちがいる。

特に菅野は高校に一般入試で入り、最初は野球部の寮にも入っていなかった。それでもコツコツと努力を続け、自分でいろいろと考えることでレギュラーを勝ち取った。卒業後も明治大や日立製作所で成長し続け、ついにはプロ野球選手となった。

大学や社会人を経てからプロ野球選手になるケースが多いのも、高校時代に門馬から考える習慣を植え付けてもらったお陰だろう。

「いや、西谷には負けてますよ。ドラフトされた人数が全く違いますから、大阪桐蔭と比べたら話になりません。うちなんてまだまだこれからです」

念のために調べてみると、門馬の監督就任以降、東海大相模出身者のドラフト指名は二〇名。それに対して西谷時代の大阪桐蔭は二四名だった。

「気づき」の大切さ

門馬が敬愛してやまない原のオヤジさんは、二〇一四年（平成二六）五月二九日にこの世を去った。門馬は、監督室のデスクの真正面にオヤジさんの遺影を掲げ、グラウンドに碑を建てた。公式戦の前には、必ず碑を磨いてから球場へ向かう。

「オヤジさんが亡くなってから、写真を真正面に掲げています。いつも怒ってくれる人がいなくなったわけですから、せめていつも見られているという気持ちでいます。そういう環境の中にいてこそ、自分なんです。原のオヤジさんがいなければ、今の私はいません。いつも考えているのは原貢野球です。そして、私が今実践しているのも原貢野球だと思っています。相模は、この原貢野球をずっと続けていかなきゃいけない。相模には原貢という大きな木が一本あるだけで、門馬という木はないんです。私は、原貢野球がこれからも栄えていくために根っこの部分を支えていきたい。原のオヤジさんから習ったことをこの東海大相模にすべて伝えていくことが私の使命だと思っています」

東海大相模には全国からレベルの高い選手が集まってくる。ＯＢが全国各地におり、目ぼしい選手を勧誘しているからである。

「ＯＢのお陰で選手を送ってもらっていますが、私が一番来てほしいのは、縦じまを着たいという選手です。ユニフォームをもらって涙できる選手であれば、共に戦う一員として喜んで受け入れたいです。自分がユニフォームを着る時も今だに緊張しますから。やはり相模が好きでないと一緒に戦えないと思うんですよ。その気持ちと仲間意識の高さは、どこにも負けたくないです」

そして、新入生が入ってくると、三年生にはこんな話をする。

「『新人が入ってきて、オレはすごくうれしい。この子いいなと思えばすぐ試合で使いたくなるからうれしいんだよ』と言うんです。『お前ら三年生みたいに長く付き合っていると、長所も短所もいろんなところが見えてくる。でも、こいつはこの程度の選手と思われたら終わりだぞ。だから、絶対、オレに飽きられるな。選手として、人間として飽きられるな』と伝えます」

門馬は、つくづく幸せな監督だと思う。それは、小学六年の時、東海大相模の試合を見たことから始まっている。あの試合で原貢の野球に触れて、子ども心にも「相模に行きたい」と感じるものがあった。幼いながらも、心のちょっとした動きを敏感にキャッチした。

あの時、「わーい、応援している横浜が勝ったぁ」と喜んでいたら、今の門馬はない。眼前の現象に惑わされず、心と頭のわずかな反応に気づけるかどうか。人生においても、門馬は「気づき」の大切さを教え子たちに身をもって示している。

第3章　龍谷大平安　原田英彦

『ゴッドファーザー　平安愛の物語』

「オール平安」

力のない打球がセンター方向へ上がった。

「よっしゃー！」、「優勝や！」、「ニッポン、イチや〜」

バックネット裏に大きな声が響き渡る。

二〇一四年（平成二六）四月二日。

第八六回選抜高等学校野球大会の決勝戦は、大詰めを迎えている。九回裏、スコアは六対二。守備につく龍谷大平安がリードしている。四点を追う履正社は走者を一塁に出していたが、すでに2アウトと後がなくなっていた。

平安のセンター徳本健太朗（青山学院大）がゆっくりと背走する。一塁ランナーが二塁に向かっている。平安のセカンド姫野大成（関西学院大）がセンター方向へ走りながら、ショートの石川拓弥に指示を出した。石川は、すかさずセンターと三塁とを結ぶライン上に入った。そして体勢を低く構え、中継プレーに備えた。

私は、このシーンがたまらなく好きである。

全国優勝まで、アウトカウントはあと一つと迫っている。平凡な打球がセンターに上がった。中堅手は、余裕をもって追いかけている。悲願の全国優勝はほぼ手中にある。それでもなお、「まさか」に備えて、選手たちは普段通りに動いていたのだ。

普段の練習ぶりまでが見えてくるような、奥行きのあるプレーが好きである。何度も何度も繰り返して練習してきたプレー。ほぼ優勝を手中にしながらも、浮かれることなく、はしゃぐこともなく、自分たちのプレーを貫き通す。そんなプレーからは、監督の野球観や人生観、日頃の練習、監督と選手たちの関係性までが見えてくる。

センターの徳本が、ウイニングボールをグラブに納めた。ショートの石川が、セカンドの姫野が拳を突き上げる。マウンドではピッチャーの中田竜次（龍谷大）が両腕を突き上げ、背番号「1」が誇らしげに揺れていた。選手たちがその背番号「1」に向かって駆け寄り、人差し指を天に向かって突き上げた。

日本一になった監督の原田英彦は、ベンチから出てくるのが意外に遅かった。ようやく出てきた時、感激屋の原田のことだから、涙で顔がクシャクシャになっていると思っていた。

「ようやく優勝できたのに、泣いてへんかったですね」

と原田に尋ねたのは、それからずいぶんと後のことだった。

平　安　２０１　１００　００２＝６
履正社　０１０　０１０　０００＝２

「(四対二で迎えた)八回裏のピンチをしのいだ時、正直なところウルウルきてたんです。でも、九回表の河合(泰聖 中央大)の2ランホームランで全部冷めちゃったんです。『すごいわ、こいつ』と思て。だから、校歌も全部歌えましたし、全然泣けなかったんです。つまらんかったです」

やっぱり号泣したかったでしょ?

「僕は、優勝の瞬間、本当はアルプス(応援席)にいたかったですよ。アルプスにいたら、仲間がたくさんいるでしょ。日本一になったという感動をアルプスでカラダいっぱいに浴びて思い切り泣きたかったんです」

原田は、一九六〇年(昭和三五)、京都市生まれである。小学生の頃から地元の名門・平安高校の大ファンで、練習や試合を追いかけてきた。自身の平安時代に甲子園には出場できなかったが、地元の日本新薬に入って俊足の外野手として活躍。三一歳で現役を引退し、三三歳で母校の第二七代監督に就任した。アルプススタンドで仲間たちと思いっきり泣きたかったというコメントも、日頃から「平安が大好き」、「オール平安」といったメッセージを発する原田らしいものだった。

原田は、監督に就任して四年目にあたる一九九七年(平成九)春に川口知哉(オリックス 現在は女子プロ野球の京都フローラ監督)という超高校級のエースを擁して初めて甲子園大会に出場し、その夏の甲子園で準優勝を飾った。以後、甲子園に春夏通じて一六度出場して通算二六勝をマークしている（記録は二〇一八年春まで）。戦後の高校野球の監督の中でも通算勝利数で一九位タイという好成績をあげているが、待望された全国制覇がなかなか果たせず、時ばかりが過ぎていた。やがて、「生きているうちに全国制覇を見せてほしい」と懇願されるようになり、原田自身も「前回の全国制覇は僕の生まれる前です。僕も生きているうちに見たいんですよ」と語っていた。

夢が実現したのは、監督になってから二二年目のことだった。名門・平安の全国優勝は、実に一九五六年（昭和三一）夏以来、五八年ぶりの快挙であった。

原田英彦

「かっこええ男になれ」

原田の率いるチームは、いつも一年間じっくりと見るのが面白い。あのやんちゃが、あの甘ったれが、何を考えているのかわからなかったような子が、原田の〝平安愛〟に包まれて一人前の野球部員に育っていくからだ。京都では、毎年、『ゴッ

ドファーザー　平安愛の物語』が繰り広げられている。この物語が、また、めちゃくちゃ面白い。

二〇一四年の優勝チームは、原田が率いた二二年間でも個々の戦力という点では最強でなかったかもしれない。しかし、チームという組織として見れば、多彩な人材が揃い、一つにまとまったことで総合力の最も高いチームへと育った。たとえば、ショートの石川拓弥は中学時代からかなりのやんちゃとして知られていた。京都嵯峨野ボーイズでプレーしていた石川は、試合中の態度が悪いとか、審判にも文句をつけるとか、他チームの保護者の間でも評判が悪かった。

「平安でも必ず不祥事を起こしますよ」

と言う人までいた。しかし、筋金入りのやんちゃほど、たいてい肝っ玉が据わっている。石川は、一年生の夏から「九番ショート」でレギュラーに抜擢された。当時の三年生には、のちに広島東洋カープからドラフト一位指名された髙橋大樹ら力のある選手が揃っていた。髙橋らにとっては高校生最後の夏の大会、初戦の相手はコールド勝ちが予想されるチームだったが、三年生がガチガチでバットの振りも鈍かった。そう思いながら観ていると、九番の一年生だけは初球からバットを鋭く振り切った。

「やっぱり筋金入りは違うなあ」

と思うと、センター前へ初安打を放った。これでリラックスした三年生たちも続き、最終的には七対〇の七回コールド勝ちだった。

「石川にはそういう根性がありました。一年の夏から出るということは、チームに認められなあかん。入部したら野球は真面目にやらなあかんよという話をずっとしていたんです」

近年、高校野球界にはやんちゃな生徒を敬遠する指導者が増えている。不祥事を起こしそうなやんちゃ坊主には、入部自体をお断りするという傾向にある。そんな時代にあって「原田さん以外に託せる監督がおらん」と、やんちゃな選手を連れてくる中学野球の指導者がいるほどだ。

石川が二年生の春季大会では、二塁に滑り込んだ相手走者にグラブを蹴られ、グラブが吹っ飛んだ。しかし、石川は淡々とグラブを拾いに行っただけだった。その態度を見ただけで、ちゃんと育っているなと思えた。原田は、石川には「かっこええ男になれ」と言い続けてきたという。

「本当の意味で『かっこええ男』になるには、まず自分の評価を自分でしたらあかんと言いました。自分で自分を評価しても、独りよがりになるだけや。高校を卒業して大学へ推薦で行きたいのなら、入学させてくれる担当者がどんな評価をするかで合否が決まるんやで。他人の評価の積み重ねで、お前という人間がつくられていく。他人が見てもかっこええ男になれやと言っていたんです」

努力できるかどうかは自分の責任だが、評価を下すのは他人。これは社会の鉄則である。自分に厳しくなれた石川は、チームでも主力として頼れる存在に育っていった。

この石川以上にやんちゃだったのが、ファーストの河合だったという。

「平安でやりたいと連絡が来たのが、中学三年生の一〇月でした。時期的にかなり遅いです。いろんな高校に断られていたんです。他校の監督に聞いてみると『あいつはやめたほうがいいです。大変ですよ』と言う人もいました」

しかし、本人と面談してみたら、印象が全く違ったという。

「しっかりこっちの目を見て話していましたし、受け答えもできてました。そんなに悪い子やないと思ったんですよ。それでも一年生の時は練習でよく手を抜いてました。僕の目を盗んで練習をよくさぼってたんですが、そういう要領のいい子って最近はむしろ貴重じゃないですか。『こいつ、ものになるな』と見てました」

河合も、石川と同じく肝の据わったタイプだった。一年生の秋から主力としてメンバー入りすると、ここ一番の勝負どころで力を発揮した。と同時に、チームの状況や雰囲気にまで気の行き届くタイプだった。

「河合は、一年生の時から一学年上の世代を見て『あんたらは、やらなあかんことをちゃんとせいへんから、大事な試合でもミスが出るんやろ』と見抜いてたんです。たとえば、守備練習で何度もミスを繰り返す。それでも、上級生は誰も声をかけない。叱責の声もなければ、ミスの原因を指摘するコーチングの声もないチームでした」

河合はそういう時、「なんぼ暴投したら気が済むんや。しっかり放れや」と吐き捨てた。

「それは僕の耳にも入ってきたんで、河合には『心の中で思てんのはええけど、それを言葉にしたら先輩たちはどう思う？　今はお前の心の中で思てるだけでいい』という話をしてたんです。そして、新チームになった時、河合らにもう一回同じ話をしたんですよ。『ほんまに練習できっちりやっとかなあかん。練習でできへんかったら、本番でもできへん。それを肝に銘じて取り組んでいこう』と」

二年生の秋になった時、原田は河合をキャプテンに指名した。河合は、練習中にチームの雰囲気がゆるんだと思えば、原田たち指導陣が注意する前に「おーい、ちゃんとやろや」と声をかけられるキャプテンだった。試合中もこまめに仲間たちに声をかけ、気配り、目配りが自然にできるキャプテンとなった。

最近の高校生には、「放っておいてほしい。だけど、見ていてほしい」というタイプが多いと言われる。普段から、親や指導者が口を出しすぎると「うざい」と反発するが、放っておかれると、「監督や仲間から嫌われている」とすねてしまう。大事なのは、周りの人間が日頃からよく観察して、まめに声をかけ、「見ているよ」と安心感を与えることだ。原田もやんちゃな選手ほど日頃の行動をよく観察して、たまに心をくすぐることが大事だという。

「『ここで一発打ったら、かっこええで』、『普段えらそうに言うとって、こういうとこで打てんのか』、『なんや、お前根性ないな』。そうすると『クソッ』という気持ちがありますから、ほんまにバーンと打ったりするんです。それが自信になって、また成長していきます」

最近の子どもたちは手間がかかるが、その手間を惜しんではいけない。その子が自信を持てるような場面で起用したり、役割を与えて経験させることで、それぞれの個性が磨かれていく。原田にとって好都合だったのは、〝親分肌〟の河合がリーダーとしての資質を備えていたことである。「ミニ原田」が存在することで、いつも活気があって明るいチームとなった。

そうかと思えば、チームには横山裕也（京都産業大）のように賢いタイプもいた。

「横山は頭のいい子です。平安でやりたいと練習を見に来ました。すごくしっかりしてたんで、チームの役に立つかなと思いました。一年の秋から二年春の選抜大会まで正捕手で出てたんですけど、夏にはレギュラーから外れました。それでも腐らず、裏方の仕事をよくやってくれました。試合前に投手起用のプランを伝えておくじゃないですか。こういう展開になれば、誰を投げさせるよ、と。その準備を完璧にしてくれました」

その他にもめちゃくちゃ面白くてチームの雰囲気を一瞬で変えられる子、野球の実力は低くても練習中にチームを引っ張れる子、どんな時にも正論を主張できる子、いざこざの仲裁がうまい子、黙々と自分の練習に集中できる子、他人にやたら厳しい子など、いろんな人材が揃っていた。

チームとしての総合力が高くなるのは、メンバー個々の持ち味が十分に発揮される環境が整った時である。

「日本一」という目標

チームが「日本一」を意識するようになったのは、秋季京都大会で優勝した時だったという。決勝の福知山成美戦（当時は田所孝二監督）で、五回に五点を取られて逆転されたが、七回裏に一挙六点を奪って再逆転に成功。さらに八回にも三点を追加して一〇対五で勝った。秋季京都大会では六年ぶりの優勝だった。

「五回に逆転されて四点差になった時、ベンチで『何してんの』という話をしたら七回にカンカンといって逆転しました。成美に対して四点、五点の差をはね返せるというのは、例年なら三年生の夏にようやくできるという感じでした。それが、この世代は二年生の秋の段階でやった。こいつら根性あるなと。それがうれしくて、試合直後に涙が出たんです。ミーティングでも『うれしい』という話をしたら、ヤツらは『えっ？』っていう顔をしよったんです。一瞬、シラッ～となったんです。そしたら、明るくて人間性も抜群の中口（大地　國學院大）が『オエッ！』って声をあげて、みんなもオーっとなって盛り上がったんです」

誰とはなしに「日本一」という言葉が出る。選手たちの高揚感が一気に高まり、「絶対、このチームで日本一になろうな」と言い合ったという。

これが、大きな転機となった。たとえば、授業中の態度もコロッと変わったと、教科担当の先生たちから聞くようになった。平安の場合、野球部員は「アスリート」コースとして一学年一クラスが約三〇人で編成されている。

「それまでは、歴代のアスリートクラスでも最低やと言われていました。元気はいいんですけど、授業の邪魔というか、おちょける（ふざける、騒ぐ）子が多かったんです。それが秋季大会の優勝ですごく変わった。おちょける子もおらんようになったし、誰かが寝そうになったら起こすし。みんなで授業もしっかりやらなあかんという意識が芽生えたみたいで。一つ上の学年は、悪さはしないけど元気もないと言われていました」

クラスに、真面目に授業を受ける横山や、普段は冗談ばかり言っているのにコツコツと努力のできる中口のようなお手本がいたことも大きかった。さらに、河合や石川のようなやんちゃ組は、授業を受ける時の要領というものをよくわかっている。静かにしないといけない先生、ちょっとくらい騒いでも大丈夫な先生、細かなことまで原田監督に報告する先生など、先生のタイプに合わせてクラスの雰囲気もコントロールできた。

もともと、この学年は元気がよく、ちょっとでも待ち時間があれば、ペラペラとよくしゃべる部員が多かったという。休憩時間や弁当を食べる間も、たいていわぁわぁと言って盛り上がっていた。そんな元気のいいチームが、日本一という目標を持ったことでメンバーの進むべき道も明確になる。組織として進むべき道がはっきりすれば、メンバー一人一人の日常生活にも無駄というものがなくなってくる。これは、会社でも、プロ野球でも、高校野球でも、組織では共通の進化の過程だろう。

勢いに乗ったチームは秋季近畿大会でも優勝して翌年の選抜出場を決定的にする。さらに、近畿代表として出場する明治神宮大会でも「優勝するぞ」と一段と盛り上がった。ところが、近畿チャンピオンとして出場した明治神宮大会は、初戦は東海代表の三重に五対四と競り勝ったが、次の日本文理（北信越代表）戦に先発した犬塚貴哉がつかまり、五対六で敗れた。

「神宮で負けたことで、選手たちが悔し涙を流したんです。『日本一になりたい』という気持ちはみんな本気やと改めて感じて、その場で『よし、選抜で優勝するぞ』と言いました。そして、『選抜でこの悔しさを晴らそうや』と声をかけました。僕自身が『日本一』と言い出したのはこの時からです」

二〇一四年（平成二六）が明けて初練習の日。原田は、集まった選手たちの顔を見渡した。

「ええか、今年の一言目、言うぞ。初めての言葉」

そう宣言して高らかに発した。

「にっぽんいちや〜」

選手たちが大きくうなずく。チームを貫く一本の軸にブレはなかった。

ひと冬越えて甲子園に乗り込んだ時も、メンバーは自信を持っていたという。

「優勝するということに本気で、こっちがビックリするぐらいでした。宿舎に入るとどうなるかと思ったんですけど、これまでのチームには持ち込みを禁止している携帯をこそっと持ってくる選手がおったんですが、このチームは、そういう子が誰もいなかったです」

ホテルでは、最初のうちは部屋同士でいたずら電話をし合ったり、ピンポンダッシュをして遊んでいたという。

「でも、そんな遊びはすぐに飽きますよ。それでどうしよんのかなと見ていたら、集まってバットを振りだしました。その場所が、たまたま僕の部屋から見えていたんですが、石川が誰かの真似してウケたり、中口が先頭に立って、ああや、こうや言いながらバットを振っていました。そういうチームだったんです」

「理想のリーダーと強いチームの条件」というテーマで、イチローとトヨタ自動車の豊田章男社長が対談を行っている。その中でイチローが、

「自分たちで考えて『リーダーを必要としないチーム』になることのほうが手っ取り早い」と話していた。なるほど、組織にとって究極の理想とは、目標に向かってチームがあたかも自動運転をするように自ら疾走する時だろう。センサーで感じ取りチーム全体を自動制御しながら目標に向かって進む。チームがそういう状態にならなければ、とても歴史に名を残すような偉業は達成できない。龍谷大平安は、最良の状態で選抜の開会式を迎えることができていた。

プレッシャーとの戦い

初戦は21世紀枠で選ばれた大島（鹿児島）に対して打線が爆発、一六対二で勝った。二回戦で対戦した八戸学院光星（青森）は、甲子園で三季連続準優勝してから二年が経ち、すでに変わり果てたチームになっていた。スキが多いと見て前日に練習したホームスチールも決めて八対二と一蹴した。

準々決勝の相手は桐生第一（群馬）だった。監督の福田治男はさすがに全国制覇（一九九九年夏）の経験者、平安打線がよく研究されており、工夫の配球に苦戦する。しかし、完璧に分析できていたという相手エースが七回から登板すると二点差を追いつき、延長一〇回裏に五対四でサヨナラ勝ちをした。

平安は、この選抜大会が実に三八回目の出場だった。もちろん全国最多の出場回数を誇るが、それまで決勝に進んだことは一度もなかった。夏は三度の全国制覇を達成しているが、春の選抜に限れば、過去四度の「ベスト4」が最高成績だった。

初の決勝進出をかけて、準決勝で対戦したのが佐野日大（栃木）である。大会ナンバーワンの呼び声が高い左腕の田嶋大樹（JR東日本―オリックス）を擁していたが、さすがに四試合目となれば疲れが見えた。その立ち上がりを平安打線が攻めて八対一で勝つ。一九〇八年（明治四一）の創部から、実に一〇七年目にして初めての決勝進出だった。

決勝の相手は履正社（大阪）で「選抜史上初の京阪決戦」となった。甲子園のスタンドが四万一〇〇〇人の大観衆で埋まった。平安打線は初回から二点を先制して優位に試合を進め、五回まで四対二とリードしていた。しかし、この時、実は平安のベンチ内はあたふたしていたという。

平安の「1」を背負い、抑え投手として頑張ってきた中田竜次が、二日前から肩の痛みを訴えていた。

「それで決勝の前夜にトレーナーに診てもらったんです。そしたら、笑わはったんです。『一番いい状態ですよ』、『投げられます』と。僕は選抜大会の組み合わせが決まった時、決勝までのローテーションをチーム内で発表していました。そして、中田に『お前が胴上げ投手や。わかってるけ』と言うたんですが、どうも、それが中田にはプレッシャーだったみたいです」

高校野球では、襲いかかるプレッシャーからカラダのどこかに痛みを訴える子が少なくない。

先発は二年生の高橋奎二（東京ヤクルト）だったが、すでに三回には元氏玲仁（立命館大）をリリーフとして送っていた。二点差のまま試合の終盤を迎えれば、原田としてはエース中田をマウンドへ送りたかった。しかし、決勝戦の当日になっても、中田は「投げられません」と言ったまま投球練習をしていなかった。

原田は、ベンチで中田を呼んだ。

「『お前、今日決勝やぞ。お前とオレの約束はどないなってんねん。はよ、準備せい。ブルペン行ってこい』と行かせました。それで横山に『どうや？』と聞くと、『真っ直ぐは投げますけど、変化球は全く投げないです』と。『真っ直ぐも全然来てません』と言うんです。それで『怒れ、横山』言うたら、『怒りました』と」

平安は、履正社の反撃に苦しい場面が続いていた。原田は、もう一回中田を呼んだ。

「お前、ええ加減にせいよ。どこも痛いとこあらへん。ビビッてるだけやろ。ビビッてんのか、こらぁ～」

と怒鳴ると、中田は、

「ビビッてません」

と返した。

「ビビッてないんやったら、投げんかい、こらぁ～」

と原田がまた怒鳴ったが、中田の反応はなかった。

「投げんのやったら、ベンチから出て行け～」

と原田が最終通告をすると、中田が初めて、

「投げます」

と言った。

「初めて『投げます』言いよったんで、『はよ、ブルペン行け～』と。横山に『急げ』、『はよせい、はよせい』言うてブルペンに行かせました」

八回裏、履正社の攻撃。

マウンドの元氏は、先頭打者をショートへの内野安打で出す。次もショートゴロだったが、ボールをしっかり捉えられていた。続く打者に四球を与えて一死一、二塁となった。

原田は、この場面で犬塚をリリーフに送った。背番号「11」をつけたサウスポーである。

甲子園では、なんと初めての登板だった。前年の秋から唯一公式戦で負けたのも、この犬

塚が先発した明治神宮大会の試合だった。ネット裏にいた筆者は、思わず立ち上がって平安ベンチをのぞき込んでしまった。犬塚の口は「○」と開いていた。原田はベンチの奥に入っていたのか、姿が見えなかった。

「中田が投げようとしなかったので、その前に犬塚を用意しとったんです。そしたら元氏が崩れてきたでしょう。もうしょうがないので、犬塚を呼んで『イヌ、今日は決勝や。こんだけお客さんが入ってる。テレビも映ってるしなあ。何でもよい。打たれてもええし、逆転されてもええ。このマウンドを楽しめ。一生に一回やぞ。楽しめ、楽しんで来いッ』と送り出したら、顔、真っ青やったんです。もうベンチで笑っとったんです。『あかんわ。顔、真っ青や』言うて」

犬塚は、八番打者に対して初球がファウルボールの後、四球続けてボール球になった。一塁に歩かせて一死満塁となる。二塁ランナーが同点のランナー、一塁ランナーが逆転のランナーだった。

犬塚は、九番打者に対してもボール球、ボール球と二球続けてストライクが入らなかった。ここでブルペンの横山が、ベンチに向かってようやく「ＯＫ」サインを出した。

すかさず、原田は中田をマウンドに上げた。

「そういう事情で、中田の登板があのタイミングになったんです。犬塚はあんな緊迫した場面では無理です。犬塚がベンチに帰ってきた時、『イヌ、すまんな、こんなとこで出して』と謝りましたもん」

中田は、初球、一三六キロのストレートが抜けてボール球となる。カウントが3ボールとなったが、そこからストレートの連投でストライク、ストライク。一球ごとに大歓声が沸き起こった。

3ボール、2ストライク。

ここで得意のスライダーを投げて空振りの三振に斬ってとった。スライダーのキレは、いつも通りだった。三塁側、平安のスタンドから大歓声があがった。

そして、続くバッターもスライダーで当たり損ねのピッチャーゴロに打ち取る。中田からの送球を受けたファーストの河合ががっちり捕球すると、派手にガッツポーズをした。平安は、絶体絶命のピンチを切り抜けた。原田は、もうこの場面でウルウルきていたという。

九回表、肝っ玉の据わる河合がライトスタンド中段へ大きな2ランホームランを打ち込む。スコアは六対二。原田は「こいつ、すごいわ」と思い、すっかり冷静になった。そして、その裏を中田が抑え、原田率いる平安は初めての選抜優勝を飾ったのである。

熱いファンからの洗礼

なにしろ、五八年ぶりの甲子園Vだったので、あちらこちらからお祝いをずいぶんしてもらった。優勝関係のイベントが六月頃まで続いたが、その二ヵ月後、一転して原田は平安ファンの罵声を浴びていた。春夏連覇を期待された夏の甲子園の初戦で、春日部共栄（埼玉）に一対五で負けたからである。たとえ選抜大会で日本一になっていても、負ければボロカスに叩かれる。それが平安の監督である。

原田自身、それはよくわかっている。自身が高校三年の夏、京都予選の三回戦で京都商（現京都学園）に負けた時には、四年連続で甲子園を逃したこともあって、怒ったファンが選手バスの中に乱入してきた。また、監督に就任して三年目（一九九五年）の夏には、怒ったファンとあわや乱闘騒ぎを起こしそうになったこともある。

京都予選の初戦で、斉藤和巳（福岡ダイエー）がエースだった南京都（現京都廣学館）に二対五で負けたのである。多くのスカウトの前で斉藤が一四〇キロ台を連発したかと思えば、3ランホームランまでかっ飛ばした。そんなプロ注目選手に対して、原田はまだ一年生だった川口知哉を先発させて砕け散った。

「福知山球場で帰る準備をしていたら、部長が走ってきて『監督、裏から出てくれ。クルマを回すから』と言うから、『なんで?』って聞いたら、『ファンが騒いどる。監督、出せぇ〜！ と騒いどるし、アカン』て。前年の夏に負けた時、『来年、頑張れ』って言われてガクッと来てたから、『えッ、まだそんな熱いファンおんのや』と思て。『ええですよ、行きますよ』と言うて通常のところから出たら、『おっ、来よった、来よった』、『おー、ちょっとこっち来い』、『お前、一回戦で負けやがって。一年坊、放らしやがって』、『土下座して謝れ』とかワイワイ言われて」

原田は、内心では「ああ、まだこんな平安ファンのオッサンらおったんや」とうれしかったという。しかし、そのオッサンたちが酒を飲んでいたのが許せなかった。

「私もまだ三〇代と若かったんで、『もう一回言うてみぃ、こらぁ』ってつかみかかったんですよ。そしたら『アカン、やったらアカン』って部長に止められて。オッサンたちも『そういうつもりで言うたんちゃう』、『平安に勝ってほしいんじゃ』と言うから、『お前らより、オレの方が思てんのじゃ』と言い返して。『皆、一緒やんけ。オレも甲子園行きたいんじゃ、絶対甲子園連れて行ったるわ』と握手して別れたんですけどね」

そういう熱いファンたちと二二年間付き合ってきた。それでも負けるとボロクソに罵声を浴びせられる。おそらく、全国の高校野球の監督の中でも平安の監督が一番大変なんじゃないかと思う。それでも平安愛にあふれる原田は、平安で野球をしたいと入学してくる部員たちだけで戦いたいと考えている。そして、野球部の一員になってくれた部員と卒業後も長く付き合っていきたいと思っている。

カラダの機能を取り戻す

「平安の子はほぼ全員が進学して野球を続けます。高校を卒業した後も、長く野球をしたり、野球に関わってほしいと思っています。将来の野球人としてどういう人材を育てていくか。僕は、平安の監督を使命だと思ってやってます」

原田がそう考えるのも、二〇年を越える監督生活を通じて入学してくる部員たちの「人間としての能力」が年々衰えていると実感するからである。

たとえば、平安では二〇一二年から「平安アップ」と呼ばれる長時間のウォーミングアップを行っている。毎日、一～二時間かけてさまざまなストレッチングやダッシュをしたり、逆立ち歩き、ブリッジ歩き、手押し車、前転、後転などの運動を行う。これらの運動を繰り返し行うことによって、全身の柔軟性と関節の可動域を向上させると同時に、カラダのバランスを整えることを目的としている。

「平安アップ」を取り入れた最大の目的は、大げさでも何でもなく、失われたカラダの機能を取り戻すことだという。

「もともと、人間というのは、赤ちゃんの頃から寝返りとかハイハイとか、年齢に応じた運動をすることでカラダの使い方を覚えていきます。そして、ハイハイなんかを何度も繰り返すことで背中の筋肉などが鍛えられてきますが、今の高校生は、外で遊んだら危ないとか、ビデオを見せておくとおとなしいからといって、小さい頃から思い切りカラダを動かして遊んでないでしょ。小学校の授業もあちこち見に行きましたが、体育の授業でさえマット運動とか、跳び箱を危険だからとしないところもあります」

小さい頃から十分な運動をしないで育った子は、全身の筋力が弱いうえに運動神経もあまり発達していない。さらに最近は小・中学生になるとゲームやスマートフォン、生活習慣などの悪影響で全身の筋肉をますます硬くしてしまう。その結果、カラダのバランスの悪い子や動きにクセのある子、関節の可動域が狭い子たちが増えている。そうした子に野球の基本を教えても、カラダが思い通りに動きにくく、うまくこなすことは難しい。

「高校生では手遅れですが、それでも時間をかけていろんな動きをすることで、子どもの頃からの動きをもう一度やってみようということです。高校卒業後も長く野球をしてほしいと願う中で、高校時代に何が必要かと考えたら、やっぱりカラダの柔軟性を取り戻すことなんです。自分の思い通りに動くカラダであり、持って生まれた特長を十分に発揮できるカラダですね。少しでも柔軟性を取り戻して関節の可動域を広げないと、頑張って練習しても思うように上達しないよと生徒たちには説明しています」

「平安アップ」を採り入れてからは、いわゆる故障をする子もほとんどいなくなった。もちろんカラダが柔軟性を取り戻し、動けるようになれば、グラウンドでのパフォーマンスも上がっていく。

さらに、平安アップには、ウエートトレーニングでアウターマッスル（カラダの表層の筋肉）を過剰につけさせたくないという目的もあるという。

「ウエートトレーニングについては、大学へ行ってカラダの成長が止まったら自分で色付けしろよと言っています。僕はそういう指導をしていて、それは一貫して変わらないです」

原田がそう思うのも、自分自身の失敗の反省からである。日本新薬の時代にウエートトレーニングにガンガン取り組んだ結果、胸の筋肉がつきすぎてカラダがうまく回転できなくなり、特に内角が全く打てなくなってしまった。

「自分が失敗したというのは大きな経験です。高校生になっても身長が伸びる子がいますが、そういう子にウエートさせてたらどうなるか？　僕は将来なくなるんちゃうかと思ってます。それなら体幹を鍛えるほうがいいですよ。それも、逆立ちとか、腕立て伏せとか自重（自分の体重）です。自重で十分にウエートトレーニングになります。トレーニングに関して、平安は先端をいっているつもりです」

現実には、ウエートトレーニングの成功例もあれば、失敗例もあり、その成果や影響は極めて個人差が大きい。それゆえ、成長期にある高校生が本格的に取り組もうと思うのならば、優秀な専門家から個別的に綿密な指導を受けることが必須だろう。そうでなければ、自己観察力や感性に優れた選手以外は努力に見合う成果は期待しにくく、その選手の将来さえ危うくする。生徒たちに高校卒業後も長く野球をしてほしいと考える原田は、昔ながらの腕立て伏せや手押し車といったトレーニングで十分と考えている。

人間力の危機

その一方で、原田は人間教育にも真正面から取り組んでいる。これも、最近の部員が、昔にくらべて相当に幼稚になってきているからという。

「僕は、数年前から保護者に『子どもたちを自立させて卒業させます』と宣言してます。『甲子園へ出場することより、指導の第一の目的は自立をさせて卒業させることです』と」

特に原田が心配するのは、社会で生きていく上で必要とする「人間力」が衰えていることである。二〇一六年（平成二八）春に甲子園へ出場した時の宿舎でも、一〇年前には考えられなかったような出来事が起きた。

「甲子園の宿舎で集合時間が近づいても、誰かが来ていない。そんな時、昔なら『探してこいや』という話になったんです。『何してんねん、あいつ』と仲間のことを気にかけたり、『また監督に怒られるやんけ』と心配したり、いろんなことを考えて自分たちで行動していたんです。今は誰かがおらんかっても、チームメイトが知らん顔ですよ」

遅刻した本人も、あっけらかんとしていたという。

「『おい、寝坊したのちゃうの?』『はい』『お前な、まず、すいませんやろ』高校生に対してそういうことも言わないといけないんです。遅刻が悪いということもわからない」

これは、平安に来る野球部員だけの現象だろうか。たとえば、アルバイトの現場でも同じような現象がよく起きている。

①そもそも、遅刻が仲間に迷惑をかけるということが想定できていない。だから、遅刻が悪いことだとも思っていない

②遅刻して怒られるという想定外のことが起きると、それに対応できない

その結果、簡単にアルバイトをやめたりし、逆ギレしてSNSでブラックバイト呼ばわりしたりする。

「その原因は、やはり小さい頃にいろんな経験をしてないからだと思いますね。小さい頃からちゃんと勉強させていない、外で遊ばせていない、親や友だちとも満足なコミュニケーションを取らせていない。感情をコントロールする能力は三、四歳頃までに身につきます。そして、人間としての基礎的な能力は小学校三、四年生までに備わってくる。そのためには小さい頃からいろんな感情を発散させて、その中で我慢するとか、諦めるとか、反

対に粘ったりして感情をコントロールする力や、生きるための力を身につけていくんです。小さい頃からの家庭教育が大きいと思います」

原田の指導は、今どきの指導者に比べて厳しいことで知られている。試合中にもベンチから厳しい叱責の声がネット裏まで響くこともある。それゆえ、「選手を怒鳴るから、かえって萎縮させている」と誤解されることもある。

「僕は部員の〝親も同然〟ですから、こいつらが卒業していった後にどんな人間になるか。それが一番大切なんです。だから、野球についても厳しくいくよ、怒るよ。それが野球の良さやと思てやってます。昔は遅刻したら、『しもた（しまった）』と思って『すいません』と謝ったんです。『これは怒られるわ』と考えると、『すいませんでした』と言葉が出てきた。『荷物まとめて帰れ』と言うたら、僕の脚にしがみついて『すいませんでした。許してください』と食い下がったヤツもいました。今は『帰れ』と言ったら本当に出て行きますよ。『しまった、悪かった』という気持ちがなければ、『次から気を付けよう、努力しよう』という気持ちになりません。『しもた』、『悪かった』という気持ちになるのは小さい時から怒られたり、厳しく注意された経験があるからなんですよ」

二〇〇〇年前後から、不都合なことが起こると、自分に自信が持てないゆえに対応や処理ができず、気持ちが沈むという子どもが増えた。その当時からもてはやされたのが、子どもに自信を持たせるために、叱らないで誉めるという子育てだった。また、その頃から子どもに嫌われることを恐れる親が目立つようになり、子どもに注意したり、叱ったりしない親が増えた。今では時間を守るとか、忘れ物をしないという基本的なことすら厳しく注意しない親がいるという。つまり、「しつけ」をまともにされないまま育つ子どもが増えているのである。もちろん理由は一つではないだろうが、家庭や学校、社会で厳しく注意されたり、叱られないで育ったことも、一〇年前までの常識では考えられない子どもが育っている大きな原因だろう。

〝受け身〟を教える

当然、子どもたちの特徴が、野球の質にも大きく影響する。

①ゲーム展開やプレーについて想定できる範囲が狭い

②想定外のことが起きる

③頭が真っ白になったり、動けなくなったり、逆に暴走する

原田は、こんな行動パターンの選手では、相手のスキやミスをつくプレーや駆け引きができないと嘆いていた。

「何でもそうだと思いますけど、一生懸命やると、その人の全人格が出てしまう。そこを厳

しく指摘して磨いていかないと人間として成長しない。野球少年が育っていって、その子らが大人になって野球を指導して、また野球少年が育ってくる。野球っていいもんやでということを伝えていってもらいたい。それが野球と関わってきた者の使命だと思うんです」

昭和の常識で考えれば、よいことは誉められる、悪いことは叱られるというのが前提で、何ごともバランスが大事という話ではないのか。小さい頃に家庭や学校で怒られたり、叱られたりすると、その時には激しいストレスにさらされるが、周りから励まされたり、支えてもらったりしてストレスに強い人間に育っていく。

ゆずが、「誰にも見せない泪があった」「恐くて震えていた夜があった」けれど、「想い出せばこうしてたくさんの支えの中で歩いて来た」と歌ったのは、アテネ五輪が開催された二〇〇四年のこと。しかし、今では叱られたり、失敗した経験の乏しい子どもが増えている。悔しくて泪を流すことは減ったかもしれないが、ストレスに弱い子どもが増えてしまった。もちろん賢い子というのは「人の振り見て我が振りを直す」ことができるが、他人を反面教師にできない子は本当に気の毒である。だから、原田はあえて平安の野球部員に対して厳しい指導者であり続けようとしている。

「そこまで言うと、そんなに頑張って野球やってませんという子もいます。それなら、平安で野球をするなと言うんです。喜びというのは一瞬だけですからね。でも、その一瞬のために頑張る。野球を頑張ってやったら、その一瞬の喜びのために頑張ることが快感になるぞと。オリンピックに出るようなアスリート、プロ野球選手になるような選手、社会人でいつまでも野球がやれる選手は、そういうことを一生懸命やってきた人たちでしょ。しんどいですよ。それができない子は、アスリートをするな。結局、社会に出てどんな仕事に就いても、その仕事で頑張ろうと思えば、同じじゃないですか。叱られたり、失敗したり、周りの人に支えられたりして、どんなことにもへこたれないタフな人間に成長していくんです。今は家庭教育、学校教育の低下があって、高校で鍛え直すと言っても遅いんですけど、ちゃんと経験してこなかったことを平安でもう一回やり直そうということで厳しくしているんです」

ゆずだって「悲しみや苦しみの先に　それぞれの光がある」「だからもう迷わずに進めばいい　栄光の架橋へと」と歌った。そのメッセージにオリンピックに出場する多くのアスリートが共感していた。

いつの時代も社会や組織の厳しさに耐えられるのは、自らの成功体験に裏打ちされた本物の自信を持つ人間だろう。本来、教育や指導の目的は、教え子に「自信」を持たせること。そのためのアプローチ法は、さまざまあってよい。指導者の人格や性格によってもアプローチ法は変わるだろうし、生徒のタイプによっても違うだろう。

「失敗と書いて成長と読む」と説くのは野村克也である。野村は「失敗こそ成長のチャンス」というが、そのように前向きにとらえられるのはストレスに強い人間に限られる。今や、そんな言葉もかけられないほどストレスに弱い人間が増えている。そればかりか、失敗した時の〝受け身〟の取り方を知らない者まで目立つようになった。現代は、むしろ、原田が指摘するように失敗した時の〝受け身〟から教えなければならない時代なのかもしれない。

そう考えれば、高校生のうちに原田のような指導者から厳しく育ててもらうというのも一つの選択肢だろう。特に、自分の子どもが高校生になるまで厳しく接することができなかったという親は、むしろ原田のような指導者がいることに感謝すべきだろう。そして、我が子を高校時代の三年間預けることは、子どもにとっても最後のチャンスなのかもしれない。

将来的にどこかの企業や官公庁などの組織に入りたいなら、高校時代に原田ぐらい厳しく接してもらえば、卒業後もたいていの上司や先輩に対応できるのではないか。どこの会社も優しい上司しかいないならよい。筆者は会社勤めをしたことがないので詳しくは知らないが、聞くところによれば、他人に厳しい上司は至るところにいるという。

これから一〇年もすれば、現在の職業の半分以上が消滅するという。単純労働ばかりか、事務職でさえＡＩ（人工知能）にとって代わられて消滅しそうだというのに、しつけもされずに育った子はいったいどうするつもりなのだろう。一生フリーランスとして生きていく覚悟があるのか。それとも親が一生面倒をみるというのだろうか。

「平安愛」の教育

原田は、「高校でこんなことをするのも遅いんですけど」と言いつつ、全員にトイレ掃除や野球道具の管理、ロッカーの管理などチームの一員として役割を持たせている。少しでもいろいろなことを経験させ、想定できる範囲を広げるためである。

また、野球以外でも部員のコミュニケーション力をつけるため、練習前に二人ずつ一分間スピーチをさせているという。条件は、野球とは全く関係のない話をすることだ。

「順番が回ってくると新聞を読んだり、雑誌を見たり、スマホで調べたりして発表します。自分でネタを仕入れてそれを相手に伝えるということに、いろんな要素が含まれているということを経験させています」

想定外の出来事が起きても、脳がパニックにならず、現状を分析、認識するための訓練である。そして、話したいことを言語化することで、自分の意思や気持ちを他人に伝えるための訓練となっている。つまり、「論理的思考」と「コミュニケーション力」という社会人として必要な能力を身につけ、鍛えることを目的としている。こうした能力だって、子どもが保育園、幼稚園へ通う頃から保護者が毎日「今日はどんな楽しいことがあったの？」「今日は何をして遊んだの？」と聞いてあげていたら、自然に身につく基本的な能力だろう。

原田の取り組みを聞きながら、野球界にとっての最大の課題とは野球人口の減少というより、高校球児の人間力の低下にこそあると改めて思う。即ち、これは日本全体の問題でもあるからだ。人間力の低下という大きな課題に対して、どんな対策が打ち出せるのか。日本の子どもたちと、毎日緊密に接する高校野球の指導者一人一人に問われているのだと思う。

野球部員に「お前の持ち味は何なのか」、「持ち味を磨け」と説くなら、その言葉はそっくり指導者にもはね返ってくる。この時代に、どんな指導をするのか。教育者としてあなたの持ち味は何ですか。原田は、模索をしながらも自分なりに持ち味を発揮し、磨き続けている。

そう考えれば、原田が「平安が好き、平安でやりたい」という子が来てくれればいいと言うのもよくわかる。原田の方針で、原田のやり方で人間的に成長したいと思えば、平安の野球部に来てほしいということだ。指導者から、先輩たちから怒られ、叱られながら育った世代の人らしく、原田は本物の自信に裏打ちされたタフさを身につけている。

「勝つためには、そんなヤツ、放っておけばいいのに」と思うような子どもたちにまで手を差し伸べるところが、「平安愛」だなあと思う。これからも、京都を舞台に繰り広げられる『ゴッドファーザー　平安愛の物語』に、大きな期待を込めて注目し続けたいと思っている。

第４章　岐阜第一　田所孝二

ガキの頃のように自由奔放に

突然の退任劇

選抜大会開幕直前の急展開だった。

二〇一四年（平成二六）の第八六回選抜高等学校野球大会といえば、原田英彦率いる龍谷大平安が全国優勝に輝いた大会である。この選抜大会には京都から福知山成美も出場し、ベスト8へ進出した。

当時、福知山成美の監督をしていた田所孝二と龍谷大平安の原田は、共に一九六〇年（昭和三五）の生まれである。だが、田所が早生まれで、学年は一つ上になる。平安から直接日本新薬へ進んだ原田と、福知山高校から関西大学を経て日本新薬へ入った田所は、かつてのチームメイト。お互いに高校野球の監督となり、京都府内ではライバル関係にありながらも心を許し合う仲でもあった。並んで座った選抜の抽選会場でも、人事異動の時期ということもあり、二人は共通の知り合いの近況について話していた。その話の流れで、田所が、

「校長やれ、言われてんねん。どうしよう」

とつぶやくと、原田は、

「やったらええですやん」

と言いながら肘で田所の脇腹をツンツンと押した。

この時、二人はまさか田所が成美の監督を辞めることになるとは思ってもいなかった。そもそも、田所が「校長になってほしい」とオファーを受けたのも抽選会の前日のことだった。

当時、福知山成美を経営する成美学園は、経営危機に陥っていた。系列の成美大学（現福知山公立大学）が赤字を抱え、高校まで連鎖倒産しかねない状況だったという。成美大は、二〇〇〇年（平成一二）に京都創成大学として開学したが、一四年間で一度も定員を満たしたことがなく、大学評価の第三者機関から「不適合」と判定されたこともあった。もともと公私協力方式で創設され、福知山市から二七億円が投入されていた関係で休学や閉校という選択は難しい。そこで成美大を公立化して切り離し、成美学園の再建を図るという方向で動き始めていた。

この難局を乗り切るため、福知山成美では次期校長を教職員による投票で選ぶことになり、田所を推す人が最も多かったという（投票結果は公表されなかった）。〝投票結果〟が田所に伝えられたのが、抽選会の前日だったのだ。

この年の選抜大会で、福知山成美は山梨学院大付（現山梨学院　四対一）、神村学園（一二対〇）と破ってベスト8に進出。三月三一日に行われた準々決勝の第一試合で、履正社に二対六で敗れた。試合後、田所が翌日から福知山成美の校長に就任すること、そして監督を退任することを発表すると、ネット裏の筆者の周囲は豊川と沖縄尚学の試合中にもかかわらず、その話で持ち切りになった。

福知山成美は、「福知山商業」と呼ばれていた一九九六年秋に田所が野球部監督に就任。三年目にあたる一九九九年（平成一一）の夏に初めて甲子園に出場すると、翌年、校名を「成美」と変えて学校改革に取り組み、学校のイメージは大きくアップしていた。その最大の功労者が田所だっただけに、野球部監督退任の衝撃は大きかった。

「次期校長を投票で選ぶことには私も賛成していたので、〝投票結果〟は受け入れざるを得なかったんです。ただ、それ以上に経営再建に乗り出さなければ、高校も破産するところまで追い詰められていました。校長を引き受けると、経営再建のために校長職に専念してほしいという要請もあって監督を辞めることになったのです」

田所は、選抜大会を戦いながら、校長就任の話ばかりか、監督退任の決断までしていたことになる。もともと成美には、学校ＯＢが野球部の監督をすべきという声がくすぶっており、福知山高校ＯＢである田所に反発している人もいたようだ。

「あの選抜で平安が優勝したでしょう。優勝祝賀パーティーの招待状が、成美の校長宛てに届いたんですよ。だから私が出席したんです。原田がスピーチで『成美のなんとかさんがいます』とスパイのような扱いをしたので会場は爆笑になりました」

田所は夏の京都大会までは校長兼監督という二足のわらじを履き、大会後に監督を退いた。そして、校長として経営再建の道筋をつけて二年の任期を終えると、二〇一六年（平成二八）四月から岐阜第一の監督に就任した。

「校長の任期を終えた時点で六〇歳の定年まで四年でした。定年まで野球と関係なく過ごすのか、もう一度監督として挑戦するのかと考えたら、もう一度挑戦したいという気持ちが強かったです。それに、私はどこへ行っても同じくらいの給料は保証される。成美は資金繰りが厳しかったので、年齢の高い者から退職するほうがよいという思いもありました」

田所孝二

実際、「監督に」というオファーはいろいろなところからあった。伏見工と洛陽工を再編して発足した京都工学院の監督にという話も進みかけたが、定年までの短い期間では龍谷大平安の原田に一度も勝てそうになかったので辞退した。最終的に岐阜第一に決めたのは施設の充実ぶりが最大の理由だったという。

「学校の敷地内に専用グラウンドがあります。専用グラウンドに憧れがあったんですよ。日本新薬にも、成美にも専用グラウンドはありませんでしたから。マイホームというか、自分の家に住めるという感覚を味わえることが大きかったです」

　田所は、二〇一八年、岐阜第一でも勝負の三年目を迎えている。

キューバ野球を学ぶ

　田所が、福知山商時代に初めて甲子園に出場したのは一九九九年（平成一一）の夏である。初戦で盛岡中央（岩手）に六対二で勝ったものの、次の柏陵（千葉）には一対三で敗れた。それでも監督の田所は戦績以上の存在感を示した。「野球を楽しむ」、「楽しんで勝たせるのが自分の使命」と、当時の高校野球の監督の中ではひと味違う野球観を語ったからである。青年海外協力隊の一員としてグアテマラで野球を教えた経験があり、その野球観は異彩を放っていた。

　田所は、日本新薬で都市対抗にも出場した後、二六歳で現役を引退する。その後は東北地方で営業マンとして働いていた。東北に来て六年くらいが経った頃、そろそろ実家のある福知山へ帰りたいと考えるようになった。

「でも、日本新薬に勤めている以上、支店のない福知山へは帰れない。会社に京都まで戻してほしいとお願いするのも嫌な感じがしたしね。それならもう会社を辞めるしかないと。

そうは言っても福知山に帰って仕事があるのかわからなかった。だから、福知山へ戻るためにも資格とか、特別な経験が欲しかったんです。それで青年海外協力隊としてグアテマラへ野球を教えに行こうと思ったんです」

グアテマラへ飛んだのは、一九九三年（平成五）四月、田所が三三歳の時である。子どもが三人いて、末っ子はまだ三歳だった。一人でグアテマラへ行くというと、さすがに周囲からは大ひんしゅくを買った。

「当時はバブル経済の時代で、東北で営業マンをしていても、周りはマンションを買うとか、株がどうという話ばかりでそういう風潮に嫌気がさしていたんです。でも、バブル時代という割には、あまり貯金もできていませんでした。七五〇万円でした。忘れもしませんよ。でも、嫁さんと子ども三人が福知山の実家に住めば、二年間くらいは大丈夫かなと思いました。協力隊からも月に約九万円が出ていたし、まあ飢え死にはしないと」

グアテマラの野球界には、六つのクラブチームがあって、それぞれが年代別の下部組織をもっていた。日本でいえばJリーグの組織に似ており、そこへドミニカやメキシコ、パナマから野球選手や指導者が出稼ぎに来ている。報酬は高くないのでアメリカ人はいないが、チームには貧乏チームもあれば、金持ちチームもある。選手や指導者として契約すると、その後はより高額での契約をめざして出世競争を繰り広げる。田所は、そんな野球リーグにボランティアとして入った。

最初に所属したのは、六チームの中でも一番弱いチームだった。少年野球チームのコーチをしながら、トップチームでプレーもした。すると、田所のショートの守備が評価され始めた。田所は、関西大学時代にはベストナインを獲得したこともあり、社会人時代も守備には定評があった。より強いチームから誘われて移籍すると、今度はグアテマラ代表チームの目に留まった。

当時、グアテマラの代表監督はキューバ人が務めていた。キューバにとって日本は野球のライバル。そんな日本から来ているのは誰だと注目された。田所のスペイン語は片言だったが、日本の野球に精通しているところが買われて、なんとグアテマラ代表のコーチに抜擢されたのだった。

「当時の監督はファン・ゴメスといって、後にシドニー五輪のキューバ代表で一塁コーチをしていた人です。僕が代表のコーチになった翌年（一九九四年）に『全米大会』が開催される予定でした。『全米大会』というのは、日本でいえば『アジア大会』です。それから約一年半、彼らと一緒に活動して、毎日のようにいろんな話をしました。この間にキューバの考え方や練習法に触れたことで、僕の野球に対する考え方や取り組み方が変わったんですよ。だから、ファン・ゴメスは僕の恩人です」

一番印象に残ったのは、みんながスポーツを心から楽しんでいることだったという。

「全米大会の時にも選手村で中南米のいろんなスポーツ選手たちと触れ合えたんですけど、みんな自然体やからね。国を代表して来ている選手たちなのに、選手村では国の違いに関係なく、ご飯食べたり、映画見たり、すごく楽しんでいたんです。一番人気はキューバの野球選手たちでした。選手たちを囲んでカンセコ（オークランド・アスレチックスで活躍したキューバ人の元メジャーリーガー）の真似をしたり、『NOMO（野茂）』と言ってトルネードの真似をしたり、めっちゃくちゃ面白かったですよ。僕も、この大会で優勝したキューバのミーティングに入れてもらったり、宴会にも呼んでもらいました。スポーツは楽しまなあかんと強烈に思ったんですよ」

それに対して、田所が日本で経験してきた野球は、振り返ってみると「勝つための野球」であり、「人生の修業」にもたとえられる野球だった。

「いつも『失敗したらあかん』とか、『チームに迷惑をかけたらあかん』と思っていて、それがずっと重荷でしたもん。バッターボックスでは、本来そんな重荷を背負ってバットを振るもんじゃないです。『よーっしゃ、打ったるでー』と思って無邪気に入るもんなんです。エラーしてもしょうがない。打って返せばいいと思ったほうが楽ですやん。僕が社会人の時、日本新薬の社長が野球する上で一番あかんのは何やと言ったと思います？『一番あかんのはエラーや』と言われたんですよ。僕ら内野手にとって、それほど厳しい言葉はないですよ。ゴロが来ても、守備が下手だと追いつけないから、ボールは外野へ抜けていく。そしたら追いつけないじゃないですか。でも、足が速かったり、動きがよかったら追いつきますよね。そういうギリギリで勝負してもグラブを弾いたら、記録としてはエラーになることがある。それなのに『エラーが一番あかん』て言われたら、ものすごいプレッシャーですよ。中南米の選手ならエラーしても、『次のことを考えてやろう』と切り替えたり、『打って返そう』という感じでした」

キューバやグアテマラの野球に直接触れることで、初めて、日本の野球の息苦しさに気づいたという。

「社会人野球でも華やかな活躍をした選手はそうでもないかもしれませんけど、僕のようなバイ・プレーヤー的な存在、二番とか、七番とか打って守りを求められている者には、『個人よりチームのため』という組織最優先の考え方というのが苦しかったです。子どもの頃ですか？　明るくて楽天的なほうではあったと思います。だから、修業のような日本の野球をすると、チャンネルを変えなあかんかったですね。いい子にならなあかん、緊張してやらなあかんみたいなところがあったんです。でも、グアテマラに行って、中米の人たちの明るさ、無邪気さに接すると、チャンネル変えんでも素の自分でいけたんです。自分が解放されたという気分になりました」

帰国をしても、野球の指導者になろうとは思わなかった。これまでの野球人生は苦しかったんだということに気づけただけで満足していた。もう野球に未練はないと、JICA（国際協力機構）や「キリンビール」などへの就職を考えている時、福知山商（当時）から教員として誘われる。「監督に」という話をもらって、ふと思ったのは、京都北部の無名校でキューバ式の打撃指導ができれば面白いということだった。

「キューバ野球とは、簡単に言えば、相手が渾身の力を込めて投げるアウトロー（外角低め）を、バッターができるだけ遠くへ打ち返すというものです。ピッチャーはいかに速い球を投げるか、バッターはいかに遠くへ飛ばすか。バッティングの醍醐味は、ただ、ただ遠くへ飛ばすことという考え方なんです。日本でも、子どもが野球を始めた頃ってそうやないですか。速い球を投げるヤツ、でかい当たりを飛ばすヤツが『すごいなあ、お前』と言われて、『よっしゃあ、僕も』と対抗心を燃やしたり、真似してみたりする。キューバの野球選手は、そういう純粋さを大人になっても持ち続けているんですよ。それに対して、京都の伝統校ってとにかく上から叩いて転がせという野球じゃないですか。『おっつけろ』とか、『右へ転がせ』とか。キューバに『流し打ち』なんて言葉ないですからね。一九九〇年代当時、日本代表は、国際大会でリナレスやキンデラン、パチェーコら強打者が並ぶキューバに勝てませんでした。高校野球は日本野球の縮図ですから、外野の頭を越えるような打球をかっ飛ばして、コツコツ当ててくる京都の学校を圧倒したいと思ったんです。そう思ったら、また野球をしたいという気持ちがどんどん湧いてきたんです」

ミスを恐れない指導

福知山商の監督になったのは一九九六年（平成八）の秋。田所は三六歳になっていた。部員は地元の福知山や綾部、舞鶴、それに通学圏の兵庫県中部の子どもたちばかりだった。

「バッティングでもね、最初は手取り足取り教えてたんですよ。バッターボックスの入り方から教えました。まず、（右打者の場合）右足で土をこう掘って、足を踏め。その時、アウトコースのベースの角をポンポンとバットで叩いて、それからピッチャーを睨んで構える。そして、インサイド・アウトでバットを振ることを教えて、この通りにしろと。右打者なら外角のボールを右中間に打って三塁打を狙え、カーブが来たら左中間へ打て、と」

練習といえば、バッティングばかりだった。当時は部員数も少なかったので、つきっきりで徹底して教えることができた。

「キューバでは、マシンを使った打撃練習はあまりしないんです。ボールを次々と同じテンポで打っても実戦から遠いというのが理由です。福知山商の練習でもマシンは使わず、僕と井本（自宣《さだよし》コーチ　現監督）が全部投げてました。練習はシート打撃中心でしたので、かなりの数を投げました。井本が一三五キロほどのボールを投げられたんです。僕もしょうもないスライダーとか投げていた。そしたら、わかりますよ。こいつは内角を打てるとか、ストレートに強いとか、外の変化球に弱いとか。そういう打者ごとの特徴をつかめば、打順もすぐに決まりました。ピッチャーは五、六点取られても二人で九回まで投げてくれればええと。打線で七点取ったる。『七点打線や』と言ってました」

田所の理想は、自分の個性を存分に発揮するバッターがそろう打線である。

「自分のしたいことを自由奔放にやればいいんですよ。たとえば、外野の頭を越す長打を打ちたいという子は、そういう打球をめざせばええんです。メジャーリーグでも、最近は『フライボール革命』といってフライを打てといわれています。どんどんチャレンジして、結果として平凡な外野フライでも文句は言いません。今はまだ外野の頭を越えるパワーがないんやなと思うだけです。高校を卒業するまでに越えるようになればええんです。そういう意味で一番好きなバッターは、カラダが小さいのにボールを飛ばすヤツですね。力ではなくて、しなやかさと技術で飛ばす。これが、最高の『ざまぁ見ろ』です。成美のこれまでの選手でいえば、二〇〇六年の田中一八（九州共立大―日本新薬）、二〇〇八年の植田秀志（近畿大）、二〇一〇年の今井新水《しんすい》（京都産大―ミキハウス）、二〇一一年の桑原将志《まさゆき》（横浜ＤｅＮ

A）たちです」

アトランタやシドニー五輪時代のキューバ代表も、全員がリナレスのような長距離打者だったわけではない。つなぎのうまい打者もいたし、内野の間を抜く打球が得意な打者もいた。キューバの指導者も「ライオンが三、四頭いたら、あとはネズミでもええ。ライオンばかりでは勝てない」と言っていたという。

「引っ張りの得意なバッターもいれば、エンドランもできるバッターもいる。変化球にやたら強いバッター、インコースに強いバッター、足の速いやつとか。打線に個性的な選手を並べたい。そのために、選手には『自分の得意なところを磨け』と言いたいんです。打順のイメージとしては、一番は足が速くて出塁率が高いヤツ。二番は一、二塁間を破るような強い打球、あるいは右方向へ大きいのを打てる打者を置きたい。右打者でも右方向へ大きいのが打てればいいんです。三、四番に長距離打者として〝星〟を持ったヤツ。五番には真面目で皆に好かれるようなヤツ。そして、時たまポンと打つヤツが六番で。やっぱりアトランタ五輪やシドニー五輪の時のキューバ打線が好きですね。パチェーコが二番にいた時が印象に残っとるんです。三番キンデラン、四番リナレス。五番グリエル、六番ビクトル・メサ。こういう打線を組みたいという気持ちはあります。スタメンでなければ、代打や代走、守備固めをめざすのでもよい。こういう一芸に秀でた選手も含めれば、たくさんの選手が試合にも出られるじゃないですか」

田所は、日本野球の呪縛から解放されたことで、ミスを恐れなくなったという。細かいことも気にならなくなり、本来のおおらかで面白い性格のまま野球に取り組めるようになった。

ある甲子園大会で負けた後、相手監督から「バスで甲子園に到着した時、成美の選手たちはバスの中で寝ていた。寝ているようなチームには負けたくなかった」というようなことを言われたらしい。後に、同じ監督と対戦することになった時、選手バスが甲子園に近づくと、田所は選手たちに叫んだ。

「おい、全員寝とけ。寝てても勝てるところを見せてやる」

その試合は快勝してきっちりお返しした。

平安の原田もこんなことを言っていた。

「田所さんは、チームに何かあっても『あんなん、別にええねん（気にしない）』と言えるところがある。そこがすごいと思うんです。私は細かなことでもスルーはできません。チーム作りでも私は守備重視ですが、田所さんは打撃重視でしょう。選手時代は、私が外野手で、田所さんは内野手なのに、そこが面白いなあと思います」

強敵・平安との対決

戦う組織作りには、大きく分けて二つの方法がある。一つは、組織としての戦い方を決め、それに合わせたメンバーを選んだり、育てていく方法、もう一つは、個性的なメンバーを集め、それぞれの個性が機能するような戦い方を探っていくという方法である。一般に、組織重視の前者がヨーロッパ型で、個性重視の後者が中南米型といわれている。日本では組織重視型が主流だが、田所のように個性重視型に魅力を感じる人も少なくない。

初めて甲子園に出場した翌年、校名を「福知山成美」と変更した。地元の子どもたちばかりだった野球部にも、大阪府や兵庫県の南部からも多くの生徒が集まるようになった。

ただし、校名変更後は甲子園にしばらく出られなかった。守備のミスで負けることが多く、京都では「成美は打つだけ」といわれるようになる。田所は、部員が三学年で一〇〇人を超えるようになったことで自主練習が中心のシステムに切り替えた。

「それまではレギュラークラスの練習を集中的に見ていたんですけど、個々の力はそれなりに伸びても、チームとしての成熟度がもう一つでした。レギュラーを外れると使ってもらえない、もうチャンスがないとモチベーションが下がり、大会を迎えてもチームが一体となって盛り上がれなかったんです。そこで、普段は自主練習を中心にして、実戦経験のチャンスをできるだけ均等に与えるようにしました。そして、紅白戦や練習試合で結果を出した選手を公式戦で登録するという方法にしたんです。皆、やっぱり大会に出たくて野球部に来ているわけですから、ベンチ入りメンバーの選び方ははっきりさせておこうと思いました。練習試合の結果でメンバーが選ばれるんなら、裏方やスタンドでの応援も納得できるじゃないですか。そうすると、チーム全体のまとまりも出てきました。普段のバッティング練習やノックは全員が参加します。その後は自主練習です。相談されたら教えますけど、基本的には自分で野球の勉強をして結果を出せというスタイルですね」

その成果が出たのが二〇〇六年（平成一八）の夏だった。

この年の京都は、平安が断トツで強いというのが前評判だった。全国制覇も狙える戦力が揃ったと言われ、前年の秋季大会では成美も四対一一の八回コールドで負けていた。日米親善野球に出場する京都選抜には、成美から一人も選ばれなかったのに平安からは六人も選ばれていた。

「抽選会の段階で『優勝は平安で決まり』と思ってましたが、抽選で平安と同じブロックに入ったんです。ほんまにやる気をなくしました。抽選会場からもこそっと先に抜け出して帰ったんです。（阪急京都線の）西院駅まで歩いていたら、原田から電話がかかってきて『田所さん、なんで帰るんですか』って。『もうやる気ないもん』、『まあ、頑張ってや』と言うて電話を切ったんです。それほど平安のゾーンへ入りたくなかった。決勝で当たるような組み合わせなら、それまでにもいろいろあったりして勝つチャンスも出てくるやないですか。平安と四回戦で当たったら、成美は準々決勝も行けへんやんけーと。このクジは、何なんやと。もうやる気がなかったです」

抽選会の頃は、まだエース駒谷謙（京都産業大―伯和ビクトリーズ）を信頼できておらず、甲子園出場をめざすというより、まず一つ勝つという思いのほうが強かった。

実は、この二〇〇六年世代は、大阪から平安に評価の高かった左腕投手が入っていた。

「その子が平安に決まったという情報を得た時、この学年は平安で決まりやと思ったんですけどね。ただ、そうも言ってられへんから、そのピッチャーを中学時代に打ったバッターを『オール枚方（ボーイズ）』へ探しに行ったら、その子から一試合に三本ヒットを打った子がいたんです」

平安との戦いは、中学生を誘うところから始まっていた。

「そしたら平安の子が一年の時に学校を辞めてしまったんです。そのピッチャーからヒットを打っていた子も、うちで最後はサードコーチやったんですけどね。その子と一緒に採った塚下雄介のほうが、三年の時にキャプテンで四番に成長していました。オール枚方の監督（当時）の鍛《か》治《じ》舎《しゃ》巧さん（現県立岐阜商監督）が、バッティング練習を見ていた時に『こいつな、バット短く持ってセンター前へ打つんがうまいんや』と言われたんです。確かにコンパクトに振れていたので『ええやないですか』と言ったら、鍛治舎さんも『オレもええと思う』と言わはったんで、僕もずっと四番で使ってたんです。夏の京都大会の四回戦の平安戦ですよ、一対一の八回表、満塁で塚下に回ってきた。鍛治舎さんがずっと言ってたのは『こいつは、ここぞという時はバットを短く持たせろ』ということだったんです。それで八回に満塁になった時、僕も『ここや、来たぁー』と思て、『塚下、バット短く持っていけ』と言ったんです。勝ち越し打がセンター前へ抜けて行きました」

塚下は、もともとおおらかなタイプで、練習中、誰かが送りバントを失敗して周りが、

「アホー、しっかりやれやー」

と言っても、

「打ったらええやんけー。そんなに怒んなよー」

と返すタイプだった。

「こんなの、普通の高校野球ファンが聞いてたら、『このキャプテン、アホちゃうか』と思いますよ。でも、こういうラテン系のノリというか、こんなキャプテンの雰囲気が、この年の平安相手にはよかったんやろね」

続く五番もタイムリーを放ち、四対一となった。

「駒谷も、マウンドで嫌そうな顔をするなと。全部、ニコニコ笑って放れと言ったんです。

それと、前年秋にコールド負けした時は、シンカーを投げてないですからね。それがこの年は、左の強打者に対しては、シンカーばっかりでした。それがはまって自信がつきました。キュッと切れるスライダーは、初めての対戦だとまず手が出ないでしょう。ホント運が向いた。これまで何年も苦労した分、運が来たー思いました」

準決勝の京都外大西も、大野雄大（佛教大―中日）がいて強かった。

「僕も、頭が切れてたんですよ。バントの時に高めに外されて失敗したんですけど、大野の外し方が甘かったんです。あれを狙って打ったらええと、すぐ切り替えられたんですね。それで打者に『打て』のサインを出し、走者には何のサインも出さなかった」

実は、田所は、選手へのサインもキューバ方式を採用している。打者には「打て」と「待て」のサインしか出さず、走者には「走れ」と「走るな」のサインしかない。つまり、打者と走者に別々のサインを出す。

たとえば、走者一塁で、走者に「走れ」のサインを出して、打者に「待て」なら「盗塁」になる。走者に「走れ」で、打者に「打て」ならエンドラン。満塁の時は、走者三人と打者にサインを出す。

「個人の組み合わせで一つの作戦になるんです。『待て』のサインもかなり出しましたよ。そうしないと、成美の子らは初球から打つので試合がすぐ終わります。だから、打ってほしくない時に『待て』を出していました。バントは、別にバントのサインがあります。バントは極端な話、声で『バントやぞ』と言ってもいいんです。結果として走者を次の塁へ送ってくれたらいいんで。バントのサインを出して、打者のサインを打てにするとバスターになります」

こんなサインの出し方を教えてくれたのは、師匠のファン・ゴメスという。

「言葉は悪いですけど、『アホなやつにはこれがいい』と言ってました。日本は、高校野球でもエンドランから盗塁、バント、そのバントもいろんなバリエーションがあったり、エンドランでもどっちへ打てとか、転がせとか、サインがいっぱいあるでしょう。でも、覚えるのが大変やないですか。それに、たくさんのサインを作って徹底させようとすると、全体の練習量もすごくいる。仮に一部の生徒しか会得できなかったら、控えのレベルがガクンと下がるでしょう。うちの方式でやると、コーディネートする監督の難しさはあるんですけど、練習は至ってわかりやすいです。走者に『走れ』が出れば、うまいことスタートするかどうかだけですからね。大学行った子らが『成美なんか、サイン、アホでもわかるでぇ』と言ってました。チームによっては、キャッチャーだけでもサインが一〇個も二〇個もある。多ければええっちゅうもんちゃうやろ（よいというものではない）と、バカにしてます」

京都外大西の大野に対して、打者に「打て」のサインを出して、走者には何も出さなかった。サインで絶対に振れと指示された打者が高めのボール球をスコーンと打ったら逆転の3ランホームランになった。

決勝でも西城陽を三対二で破って七年ぶりの甲子園を決めた。甲子園でもチームは野球を楽しみ、ベスト8まで勝ち進んだ。その後も田所率いる成美は甲子園に顔を見せ、これまでに春夏通じて六回出場した。

甲子園出場への「最低条件」

ただし、「打ち勝つ野球」と言っても、田所が甲子園に出たのは投手と守備がいい時。野球の勝敗のカギは、七～八割をピッチャーが握るといわれる通りだろう。

「甲子園に行けるのは、やはりピッチャーが安定していい時ですね。具体的にはストレートにキレがあってコントロールがよく、球速は一三〇キロ以上。あと、ストライクのとれる変化球が二つくらいあることでしょう。これに球速が一四〇キロを超えていると甲子園でも勝ち進めますよ」

では、打線について甲子園に出るための最低条件を田所に尋ねると、

・外野の頭を越える力がある選手が五人はほしい。甲子園に出るチームは、少なくとも一

番～五番か、六番までは長打力がある。
・長打力のある五人の他に、選球眼がよくてタイミングもとれ、打率三割以上のバッターを二人は揃えたい。選球眼がよくてタイミングを合わせるのがよいバッターは、高校生にもなるとなかなか育てにくい。
・さらに三割は打てなくても、スイングが速い選手がいるとよい。
・甲子園に出場するには、スタメンの九人の中に足が速く、走塁センスのある選手も三人は必要だろう。足が速くて進塁打を打てればなおよい。足の速い選手とは五〇メートルを六秒台前半で走る選手だが、足が速くても走塁センスのない者も少なくない。
守備については、
・普通のアウトが確実にとれて、大きな穴がないこと。
・特にセンターラインには確実性がほしい。
・外野は三人のうち、少なくとも二人には足と肩がほしい。肩は最低でも遠投が九〇メートル以上投げられること。
キャッチャーについては、
・甲子園に出るチームでは、肩とワンバウンド止めをクリアしたキャッチャーが出ている。
・リードは、セオリーが理解できていること。育てるのは難しく、むしろキャッチャーにになりやすい。

適した人材を発掘するのが大切。特に私学の監督は、捕手の配球にクビがかかるので必死

「チーム力を上げようと思うと、やっぱりいい選手を採ることだと思います。強豪校を見ても、どんな中学生を採るかの競争になってます。選手を育てるより、中学生のスカウトのほうが大切やという感じの監督もおるしね。僕はそこまでは思いませんけど、ただ、中学時代に目立つ子は、細かく指導しなくても、自分でどんどんやっていくんですよ。成美でも、岐阜第一でも、そういう子が上達できる練習システムになってるからね。全国で勝とうと思えば、自分で率先して練習できる子に来てほしいと思いますね」

それに甲子園に出るには「運」もいる。というか、どんなに戦力を整えても、監督に「運」がなければ甲子園には出られない。夏や秋の大会中に「運」をつかんで、甲子園へと導かれることもある。成美時代の田所にもこんな経験がある。

二〇一三年（平成二五）夏の京都予選準々決勝は延長となった。二対二の一〇回裏、二死二塁から北嵯峨の四番が三塁線を破る。打球はファウルグラウンドに転がっており、成美のサヨナラ負けだと思われた。ところが、二塁走者が三塁を回ったところでこけたのである。そして、成美のレフトが打球を諦めずに追いかけていた。ボールが内野まで返り、サヨナラのランナーはホームに還って来られなかったのである。そして、成美は延長一二回

表に北嵯峨を突き放す。不死鳥のごとくよみがえった成美は準決勝、決勝も制して甲子園に出場した。

どんなチームでも、甲子園に出る時というのは、いろんなことが自然とうまく回っていき、大きな流れに乗っているという感覚に包まれるとは、多くの監督が語っている。

野球が楽しくなる練習

田所は、そういう最低条件を踏まえながらも、めざす野球とは点をたくさん取って勝つ野球だという。

「要するに、点を取られた以上に取ればいいという考え方です。完封して勝とうとは思ってないです。ある程度、点を取られるというのは前提になっています。そうですね、甲子園で負ける時はやっぱり好投手との対戦ですよね。そこは違う戦い方も必要かなと思うんですけど、あんまりスタイルを変えてまで勝ちたいとは思わないです。バントもきっちり送るという発想にはなりません。高校野球では、相手が一つ失敗したら、もっとバントにプレッシャーをかけて走者を殺そうという発想になると思うんですけど、それを逆手にとって、バントで送れなかったら次は打ってやろうと。打つのがアカンかったら、バントでもしておこうかと。打席の途中でもサインを変えます。セオリーじゃなくて、その打者はもちろん、次の打者のことも考えながら対応しています。一死一塁や一死二塁なら、右に打ってランナーを進めるというのがセオリーやないですか。でも、三遊間が空くからね。バッターから三遊間が広く見えるんですよ。そしたら、そこへ打ったほうがチャンスは広がると思います。じゃあ、そのバッターはどんなボールだったら三遊間へ打てるのかと。配球を考えて、スライダーならスライダーを投げるタイミングで『打て』のサインに変えることもあります」

「頭の回転の速い田所ならではの采配だろう。その昔、「勘ピューター」と異名をとったプロ野球の監督がいたが、田所の場合はまさにコンピューター並みの高速処理で作戦を弾き出し、確実性の高い采配を実現している。

現役時代の打順は二番が多く、送りバントをよく命じられた。また、バントの構えをしていて、ランナーのスタートが良くて盗塁が成功しそうならバットを引いたり、コンと当てて転がしたりするのもうまかった。

「日本的な手堅い野球をしていたんですが、それで相手にダメージを与えられたかというと、経験上あんまり感じないんですよ。相手にやられたと思う試合を思い出してみると、ランナー一塁でドーンと三塁打を打たれたり、ランナー三塁でスクイズかもしれないと警戒していた時に強攻策で三遊間破られたりとか。左打者にスライダーを外角低めに投げてというので（ショートで）三遊間に寄ったら、逆に二遊間破られたりしていた時です。体重が逆行っててやられたみたいな。それから予想もしてなかったのに右中間を破られたり。だいたいね、僕の現役時代の残っている写真は、バントしているところばかり。そんな写真、思い出にもならんやないですか。チームから見ると、バントもできて、小技も利くバッターって貴重やと思いますよ。でも、キューバには、こんな選手になりたいと思っているヤツは一人もおらんでしょう（笑）。そんな練習もしないですし。やっぱり、中米に行って、純粋に楽しい野球、本来の野球に目覚めたというのがあるんですよ」

といっても、食トレと筋トレでカラダを大きくして金属バットを振り回すというバッティングは教えていない。あくまで自分の持ち味を知り、あるいは理想を描き、自分の長所や持ち味を磨くというのが基本である。

「僕が福知山商の監督になる時、『大学で野球を続ける子を育てます』と言ったんです。大学で野球をして活躍すれば、本人も好きな野球を長く続けられるし、マスコミにも出身校名が出て宣伝になる。それに大学に行けば、練習は自主練習なので、高校の時から考えて練習しておくことが大切だと思っています」

一〇年以上前から、関西の大学野球では福知山成美出身者がいろいろな大学で活躍するようになっている。そして、こうした田所の野球に対する考え方と取り組みは、岐阜第一の監督に就任してからも受け継がれている。関西の高校をグルッと巡ってきた大学の監督が、「岐阜第一が一番楽しそうに練習している」と言っていた。

二〇一八年の高校野球シーズン、岐阜県はがぜん注目県の一つになった。秀岳館（熊本）の監督として四季連続甲子園に出場した鍛治舎巧が、母校である県立岐阜商業の監督に就任したからである。鍛治舎は秀岳館の監督になる前はオール枚方ボーイズの監督で、田所の福知山成美を始め、大阪桐蔭や天理、履正社などへ選手を送り込んでいた。また、早稲田大、松下電器（現パナソニック）で野球経験のある鍛治舎と田所は同世代で付き合いも長い。岐阜第一と県立岐阜商はライバル関係になるが、田所には注目度のあがった岐阜を制して監督就任三年目の夏に甲子園に戻ってきてもらいたい。

第5章

青森① 八戸工大一 山下繁昌

アオモリ系・関西人監督の挑戦

青森の新たな歴史の幕開け

始まりは偶然の重なりだった。

最初の偶然は、東京で開催された報徳学園硬式野球部のOB会で芽生えた。一九七六年（昭和五一）の夏のことである。野球界でいえば、「ミスタータイガース」こと掛布雅之が阪神タイガースのレギュラーに定着し、甲子園球場に「カッケッフ、カッケッフ」という「カケフコール」が響き渡った年だった。

夏の終わり頃に恒例のOB会が東京・新宿の居酒屋で開催され、関東在住のOBが約三〇名集まった。当時、日本大学四年生だった山下繁昌は、そこで福島敦彦から声をかけられた。

「就職はどうするんや？」

福島は、山下が報徳学園に通っていた頃のコーチだった。その後、監督に就任して一九七四年（昭和四九）の第四六回選抜高等学校野球大会で報徳学園を全国優勝に導く。それから二年後には母校である慶応義塾大学の監督を務めていた。

「一年留年して、教員免許を取ろうと思ってます」

「そりゃあ、ええ。やれ」

福島はニコッと笑い、

「山下なら、いい指導者になるよ」

と声を弾ませた。

出席者には、早稲田大学四年生の松本匡史もいた。早大一年の春から俊足好打の内野手として活躍。三年生の時にはアジア選手権の日本代表にも選ばれたスター選手で、秋のドラフト会議で読売ジャイアンツから五位で指名される。当時の長嶋茂雄監督から「これからの野球には松本のように俊足の選手が必要になる」と熱烈なラブコールを受けての指名だった。この松本と山下は高校の同期である。報徳学園に入学した時から走攻守ともにスケールの大きかった松本は、高校一年の秋からレギュラーとなり、二年の春と夏には甲子園でもプレーしていた。山下は二年の秋から一番ライトで起用されたが、二人が三年生になった一九七二年（昭和四七）には春も夏も甲子園には出場できなかった。卒業後、山下は日大へ進んだものの、思うような活躍ができないまま四年生の秋、つまり就職活動のシーズンを迎えていた。

山下が福島から「就職はどうするんや？」と声をかけられたのは、東京の居酒屋の片隅でのことだった。しかし、この会話がなければ、青森県の高校野球の歴史は、今とはまったく違うものになっていたはずである。現在の八戸学院光星にも、青森山田にも関西から多くの野球留学生が来るようになっていたかどうか、わからない。坂本勇人は光星学院に進学せず、巨人にも入団していなかったかもしれない。田村龍弘（千葉ロッテ）や北條史也（阪神）も大阪から青森には野球留学せず、光星学院の三季連続甲子園準優勝という快進撃もなかったはずである。

誰もが知るように、歴史というのは偶然の積み重ねによって作られていく。

青森県の高校野球界もまた、たまたま再会した恩師と教え子の会話をきっかけに新たな歴史の扉を開こうとしていた。

山下繁昌

「信念は魔術なり」

山下の人生は、その後も偶然が重なる。

青森県の八戸工業大学第一高校が、たまたま野球部の監督を探していた。そして、八戸工大一と早大のレスリング部の監督同士が、たまたま知り合いだった。「野球部の監督を紹介してもらえないか」という話が、早大のレスリング部監督を通じて野球部監督の石山健一に伝えられた。石山が早稲田のOB限定で監督を探していても、青森の高校野球は今とはずいぶん違っていたはずである。ところが、石山はその話をたまたま東京六大学の監督会議で口にした。それに手を挙げたのが慶大監督の福島だったのだ。福島の頭には、もちろん日大の山下の顔が浮かんでいた。

おまけに書き添えておくと、大学五年生で初めて教職課程を履修した山下は、前年までに必要な単位を取得しておらず、「教育実習」はできないはずだった。

「大学四年生になって、初めて就職をどうしようかと考え始めました。膝がかなり悪かったので、社会人で野球を続けるのは無理だろうと思いましたが、かといって一般企業への就職というのもピンと来なかった。いろいろ考えているうちに、高校野球の指導者になりたいと思ったんです。それで親にもう一年大学へ行かせてほしいと頼んで勉強していました。だから、どうしても一年間ですべての教職の単位を取る必要があったんです」

大学で事情を話したが、当然ながら「無理」という回答は変わらなかった。

「それでも諦めず、お願いに通いました。一四回目にようやく『どこか受け入れてくれる学校があれば』と言われて、すぐに報徳学園へ連絡しました。高校時代の担任が教頭になっていて『すぐ来い』と言ってくれました」

粘ること実に一四回！　山下が一三回目のダメ回答で諦めていても、青森県の高校野球の歴史は違うものになっていただろう。

翌年の一九七八年（昭和五三）四月、山下は本当に八戸工大一の社会科の教師として赴任し、同時に野球部の監督にもなった。

その頃、山下は『信念の魔術』（クロード・M・ブリストル著　大原武夫訳）という本を愛読していた。この本は、その後も長く読み継がれる成功哲学の名著で、ひと言でいえば「強く信じ、思い続けたことは実現する」という教えが説かれている。この本を読んで以来、山下は「信念は魔術なり」を座右の銘にして「高校野球の指導者になる」という強い信念を持ち続けていた。その結果として、まるで魔術のような偶然が重なり、青森で野球部の監督になるという思いが実現したのである。

「走れない」選手たち

青森の高校野球の歴史を振り返ると、一九七〇年代は「暗黒時代」である。

その頃の青森代表といえば、一九六九年（昭和四四）夏の三沢高校を思い浮かべる人が多いだろう。エース太田幸司を擁する三沢が、夏の甲子園で決勝に進出。松山商と延長一八回引き分け再試合という名勝負を演じ、準優勝（再試合は二対四）に輝いた。また、太田幸司は「元祖甲子園アイドル」と呼ばれるほど大人気となった。この年の三沢高校の活躍は、いまや「高校野球遺産」の一つである。

ところが、その翌一九七〇年からの一〇年間、青森代表は甲子園で一勝もあげられなかった。春二校（弘前　二対三　普天間、弘前工　二対三　岡山東商）、夏四校（五所川原農林　〇対四　岐阜短大付、青森商　〇対六　天理、青森北　四対八　熊本工大、弘前実　一対四　大分商）が出場したが、いずれも初戦敗退だった。しかも、一九七〇年代に甲子園で一度も勝てなかったのは、全国でも唯一青森県だけ。当時、青森の高校野球は、全国で最弱といってよかった。

山下が赴任した八戸工大一は、創部一八年目の新しい学校だった。夏の青森予選の戦績を見ると、一大会で二勝できるかどうかというチームである。しかし、青森県全体のレベルが低かったことから、大学を出たばかりの二三歳がこんなふうにうぬぼれたとしても無理はなかった。

「青森に報徳学園の野球をもってくれれば、三年で甲子園へ行ける！」

「試合のデータを見せてもらったら、盗塁が一試合に〇・四個くらいでした。二試合に一度走るかどうかです。これでは相手にプレッシャーがかけられないなあと。報徳学園は盗塁やエンドランなどの機動力を使って相手の守備をかき回す野球をしていましたから、青森でもどんどん仕掛けていこうと思いました」

山下の頭には、選手たちが塁上を駆け回り、青森県で旋風を巻き起こす八戸工大一の姿が浮かんでいた。ところが、「盗塁」のサインを出しても、ランナーが走らないではないか。

「走れ！」

と促しても、スタートが切れなかった。また、「エンドラン」のサインでも、打者はバットにボールを当てるだけ。弱いゴロが内野に転がり、これでは送りバントをしたのと変わりがなかった。一塁ランナーを走らせて、バッターが必ず打つという「ヒットエンドラン」は、最低でも強いゴロが内野の間を抜けることで、ランナー一、三塁を作ることを想定したものだ。さらに、バッターに「初球から思い切り打て」と声をかけても好球を簡単に見逃した。そして2ストライクを取られてから、空振りを恐れて当てるだけのバッティングを繰り返す。

笛を吹けども、選手たちは踊らなかった。

当時、八戸地区の野球のうまい子どもたちは進学校の八戸高校を始め、八戸北、八戸工といった県立高校に分散していた。そうかといって、八戸工大一の野球部員も実力的に大きく劣っていたわけではない。だが、高校野球にかける熱気のようなものが、選手たちからは伝わってこなかった。目標を聞けば、甲子園出場だと言う。だけど、練習でも、試合でも、絶対に甲子園へ行くんだという強い気持ちは感じられなかった。

信念とは「信じて疑わない心」であり、かつ「行動の基礎となる態度」である。八戸工大一の野球部員は、「甲子園に行く」という思いが、まだ「強い信念」とはなっていなかった。これでは「魔術」も起こりようがないと思った。

といって山下は、

「だから、お前たちはダメなんだ」

と怒鳴ったりはしなかった。

指導者というのは、得てして選手に完全を求めがちである。自分の現役時代は決して完全な選手でなかったはずなのに、教え子に対しては「こんなこともできないのか」と嘆く。しかし、山下は報徳学園でトップバッターを務めた選手だったにもかかわらず、教え子の選手にダメ出しをしなかった。

「実は、私も高校時代、盗塁のサインが出ても走れないタイプだったんです。せっかく一番ライトで起用されながら、監督やコーチからは『報徳学園で史上最低のトップバッター』と怒られていました」

「走らない」のではなく、「走れない」。メンタルの問題であることが、山下にはわかっていた。

「青森の子たちは純朴で優しくて、人柄は最高なんです。ただ勝負ごとでは一歩引いてしまう。真っ向から勝負せずに、まるで見物人のようになってしまうという弱さがありました」

これはまさしく、報徳学園野球部時代の山下の姿であった。

「打て」のサイン

報徳学園は、兵庫県西宮市の武庫川沿いにある。同じ西宮市内にある甲子園球場までは約七キロ、走って行けるほど近い。生徒の多くは、地元の西宮市や宝塚市、伊丹市を中心に阪神地区から通っていた。それに対して山下の出身地は、同じ兵庫県でも中部に位置する氷上町（現丹波市）だった。甲子園球場までは約八〇キロ。クルマでも一時間半以上かかる山間の町で生まれ育った。

「阪神地区の子どもたちは明るくて元気があって、目の前のチャンスを確実にものにしようと貪欲でした。それに比べて私のような田舎者はビビッたり、あがったりしてチャンスを生かせない。青森に来た時、こっちの子どもたちは報徳学園時代の私そのものだと思いました」

そういえば、日大野球部の寮でも、東京や横浜出身のスマートな部員たちとはあまり馴染めなかった。妙にウマが合ったのは東北や北関東出身の選手たちだった。

「野球部で一番仲が良かったのが弘前実から来ていた同期の飛島克好でした。私は一年生のリーグ戦ではベンチに入れてもらったんですが、二年生、三年生の時は入れませんでした。四年生になると学生コーチをしていた飛島が推薦してくれたみたいで、代打要員としてベンチに入れたんです。駒澤大のエースだった森繁和（現中日監督）から代打ホームランを打った時、三塁を回ったところでベースコーチをしていた飛島と思わずタッチしてしまいました。うれしいのと、彼に感謝したいという気持ちで一杯でした」

「将来は高校野球の指導者になろう」と決意した時も、真っ先に「青森で監督ができればいいなあ」と思ったという。そして、それが実現すると、「青森の子どもたちだけで甲子園をめざす」ことを基本方針とした。

一九七〇年代、青森の高校野球界に降り立った関西人は、青森に親しみを感じ、青森県人に好感をもつ人物だった。そして、実際に来てみると、青森県の高校球児の姿にかつての自分が重なった。山下は、ますます「この青森の子たちと甲子園をめざす」ことが強い信念となった。

山下は、高校時代の自分を振り返りながら指導法を考えた。

「報徳学園の野球部グラウンドの隣に、陸上部の小さな砂場があったんです。当時、（グラウンド整備に使う）トンボだけ持って砂場へ行き、練習開始の一六時から終了の二一時までスライディングの練習ばかりしていました。スライディングがうまくなって少し自信が持てると、自然にスタートもよくなりました」

こうして自信が出てくると、盗塁のサインが出てもスタートを切れなかった理由にも気づいた。

「盗塁の時って、キャッチャーからの送球が見えないですよね。送球が見えない分、余計にアウトになったら嫌だと思ってスタートを切れなかったんだと気づいたんです。サインが出ても走れない理由がわかる一方、試合で一度成功したら、それからはバンバン行けるようになりました」

初めてのことには、誰しも戸惑うことが多い。山下も、報徳学園の野球部に入った頃は戸惑うことばかりだったが、当時の指導者から一つずつ教えてもらい、自信をつけることで一人前に育った。今度は指導者として、自分が生徒たちの不安や悩みを取り除いてやる番だと思った。

山下は、足の速い選手にスライディングやスタートの練習をさせて自信を持たせるようにしていった。また、積極的に好球を打てない選手には、「打て」のサインを出した。選手たちは素直で、監督の指示によく従った。それなら「打て」というサインを出せば、バットを強く振れるのではないかと考えたのだ。それまでの野球人生で、「打て」というサインなど考えたこともなかった。

さらに、2アウトでランナー二塁の場面では、ランナーとしての対処法も教えた。打者が2ストライクと追い込まれ、さらにストライクの投球が行っても、二塁ランナーがスタートを切ろうとしなかったからである。

「2ストライクの後の投球がストライクなら、打者が見逃しでも空振りでも三振で終わりなんだから、ランナーはスタートすべきでしょう。そのためには二塁ランナーは、リードしながら投球がストライクゾーンに行くかどうか見ている必要が出てきます」

報徳学園の選手なら、小学生や中学生の時に身につけていることが、八戸工大一ではほとんどの選手ができていなかった。知らないのなら、少しずつ教えていくしかない。ヒットエンドランではダブルプレーを避けるためにセンターラインをはずして打つとか、ランナー三塁で内野へゴロが転がれば、瞬時の判断で本塁を狙うなどケースごとに練習を繰り返した。

「練習試合は、日大OBが監督をされているチームにお願いしていました。当時甲子園にも出場していた日大山形の渋谷（良弥）監督にも連絡して練習試合をしてもらいました。最初は一対一〇と全く歯が立たなかったのが、三点、五点というように少しずつ点が取れるようになってきました」

青森県内でも勝てるようになり、就任三年目（一九八〇年）の夏には入学直後から指導してきた選手たちが青森予選の準々決勝に残った。「就任三年で甲子園出場」という目標は達成できなかったが、チーム力が確実にアップしているという手ごたえはあった。

選手とのスレ違い

就任四年目も、夏の青森予選は準々決勝まで進出した。ところが、その準々決勝で弘前南に〇対四で敗れる。ノーマークのチームに、しかも完封負けだった。

「これだけ頑張っても、完封負けなのか」

リーダーとしての資質は、困った時にこそ問われるが、当時の山下はまだ若かった。報徳学園時代の厳しい練習が、脳裏に鮮明に記憶されていた。勝ち切れない焦りから、山下の指導がしだいにスパルタ式になっていった。報徳学園のように厳しい練習をしなければ、青森であっても勝ちきれない。甲子園に行こうと思えば、やはり地を這い、血を吐くような練習が必要なのだ。厳しい練習に耐えてこそ、青森を制する勝負根性が身につくはずと、肉体的にも、精神的にも選手たちを追い込んでいった。

山下は、八戸工大一の生徒たちに「練習中に笑うな」と命じ、選手がニヤッとするだけでも怒声を浴びせた。来る日も来る日も、鬼の山下となって厳しい練習に明け暮れた。

しかし、罵声や怒声を浴びせながらも、何か違うという思いが頭をよぎる。青森の子どもたちは表向き厳しい練習に耐えているが、山下の前では素朴さやあたたかさがしだいに見られなくなっていた。信念と現実のギャップに、山下はストレスを感じるようになった。

すると五年目の夏は、二回戦でよもやの敗退（二対三　青森北）を喫する。負けた相手は、監督一年目に三回戦（〇対二）で敗れたチームだった。この五年間の指導は、いったい何だったのか。これだけ頑張っても、何の進歩もなかったということなのか。山下の思考は負のスパイラルに落ち込んでいった。

名だたる高校野球の監督を見ると、就任三年以内で甲子園に出ている人が少なくない。高校野球史に名を残すような監督は、たいてい五年以内に結果を出している。甲子園に出られないのは、指導者としての資質に欠けるという証拠ではないのか。五年以内にころか、八戸工大一には、山下が監督に就任してから三八《さんぱち》地域（青森県南東部の三戸郡と八戸市）の好選手が集まるようになっていたが、逆に夏の成績は悪くなっていた。「青森の子たちと一緒に甲子園へ行く」という山下の信念は、千々に乱れまくった。

イライラが募るから、感情にまかせて生徒を怒鳴ってしまう。新チームになるとミスや失敗ばかりが気になり、さらに怒鳴る回数が増えていった。冷静になれば、こんな指導ではダメだと思いながら、いざグラウンドに出ると頭に血が昇った。自分で自分をコントロールできなくなり、やがて夜な夜な飲み歩くようになる。山下はストレスを酔いでごまかそうとしたが、純粋な青森の子どもたちは、山下の荒れた心を見透かしている。信頼関係が崩れると、不満がたまる。山下は、子どもたちの心の変化に気づけなかった。

こんな状態で臨んだ秋季大会は、なんと地区予選の初戦で負けてしまう。八戸北に、わずか一安打に抑えられた（〇対三）が、試合中、山下はベンチで「何やってんだ」、「そんなので打てるか」と怒りまくっていた。

怒鳴って作った組織は、結局、暴力的に崩壊する。

敗戦翌日、グラウンドに出てみると、部員がたった四人しかいなかった。一、二年生三〇人のうち、実に二六人が練習をボイコットしていた。不満や不安などのマイナス感情を多く抱えると、怒りを生み出しやすい。その怒りが充満し、敗戦をきっかけに爆発したのだった。

山下は、構わず四人だけで練習するつもりだった。すると、キャプテンの山田美津雄が、

「このままでは練習にならないので時間をください」

と言った。

「来なかった連中に声をかけてみます。声をかけても来なければそれでいいです。一日待ってください」

と頭を下げて出て行った。

「山田、すまんな」

山田の後ろ姿を見ながら、そうつぶやくと、山下は少し冷静になれたような気がした。気持ちが落ち着くと、八割以上の部員によるボイコットが山下の心にこたえた。

その夜、居酒屋の片隅で飲んでいると自分の子どもの頃を思い出していた。プロ野球のオープン戦が始まり、選抜高校野球大会の時期になると、友人たちがバットとグラブを持って自然と集まり、みんなで白球を追った。夕闇が迫っても誰も帰ろうとは言わず、夢中

になって野球を楽しんでいた。野球に夢中になると自然に笑みがこぼれ、仲間との絆が深まっていた。

「本来、スポーツは遊びから始まったんだよな」

と思う。

「辛い時こそ笑おう」

切羽詰まった時こそ、原点に戻る。これは、リーダーの鉄則である。

野球のルーツは、一七〇〇年代、イギリスでプレーされていた「ラウンダーズ」とされている。投手が小石などを詰めた靴下を投げ、打者が船のカイなどで打ち返し、杭や石を見立てた四つのベースを回るという遊びだった。遊びは楽しいから続き、仲間が集うことで広まっていく。

実際、この「ラウンダーズ」という遊びが移民とともにアメリカへ渡って広まった。そして、ニューヨーク・マンハッタンの消防団が、団結を強めるためのレクリエーションとして行うようになる。やがて消防団の創設者アレクサンダー・カートライトがルールを作ると、ますます面白くなった選手たちが『ニューヨーク・ニッカーボッカーズ』というクラブを設立した。これが野球というスポーツの始まりといわれている。

「野球の指導者は、野球の楽しさこそ教えてあげるべきなんだなあ」

酔っているはずなのに、頭は妙に醒めていた。

「野球がうまくなりたい子に、こうやったらうまくなるよと伝えてあげるべきなのに。自分は指導者としてダメだったなあと思いました」

キャプテンの山田が懸命に説得して、連れ戻してくれたのは一九人だった。練習に出ていた四人を含めて二三人が残ったが、結局、秋のレギュラーを含む七人が野球部を去った。野球をやめることになった七人に心の中で頭を下げながら、山下は残った二三人で改めて甲子園をめざそうと誓った。

「合言葉を『ネバーギブアップ』にしました。そして、オレが『ネバーギブアップ』と言ったら、苦しい時でも笑えと。ランニングをしていて皆の顔がゆがんできたら、私が『ネバーギブアップ』と叫ぶんです。そうすると選手たちが笑う。練習は辛い時もあるけど、辛い時こそ笑おう。笑うことで気持ちと雰囲気を盛り上げ、楽しくやっていこうと方針を一八〇度変えました」

山下自身も、笑うと素直な気持ちになれた。選手たちには、これまで辛いだけの部活だったことを素直に謝り、大好きな青森の子たちと一緒に甲子園に行きたいんだという自分の信念を強く訴えた。

「そこからですね、皆が私の気持ちをわかってくれて、お互いに言いたいことも言えるようになったのは」

「信念は魔術なり」――。

山下は、もう一度、この言葉に懸けてみようと思った。

もともと、この年代のチームは、まじめで元気のいい選手たちが揃っていた。

「学校にウエートトレーニング室がなくて、市のトレーニング室に通って筋トレのやり方を教えてもらっていたんです。騒ぎすぎると注意も受けたんですけど、遊んだり、ふざけたりしているんじゃなくて、選手同士でわいわい言いながらアドバイスをしたり、お互いに励まし合ったりして取り組んでいました。もともと、明るく元気な雰囲気で練習ができる学年だったのを僕が頭ごなしに抑えつけてしまっていたんです」

「楽しいから笑うのではない。笑うから楽しいんだ」

そう説いたのは、アメリカの心理学者ウィリアム・ジェームズである。電気的に刺激を与えて顔の筋肉を動かしても、β－エンドルフィンという脳内物質が分泌され、リラックス状態や楽しい気分になるという。八戸工大一の野球部も最初は無理やりに作った笑顔だったが、笑うと雰囲気がどんどんよくなった。普段はまじめなキャプテンの山田も、ビートたけしの「コマネチ」というギャグを真似てチームをなごませた。学業成績の良いリーダーが率先して盛り上げ役になったことで、チームのまとまりが一気に高まっていった。

笑顔でつかんだ甲子園

ひと冬越して、春季大会は県大会の準々決勝まで進んだ。そこで選抜大会にも出場した青森北に〇対七の八回コールド負けだったが、明るいチームは夏の甲子園をめざして前向きに取り組んだ。

「打撃力強化のために、柔道の帯を投手側の腕（右打者なら左腕）に巻き、脇をしめた形で打撃練習を繰り返しました」

昔から行われている練習法も取り入れると、バットがコンパクトに強く振れるようになった。実際、夏の青森予選では、機動力も絡めて得点を重ねた。準決勝では前年度優勝の木造を九対一の七回コールドで圧倒、初めて決勝戦に進出した。

決勝の相手は進学校として知られる八戸高校だった。その前夜、山下はなかなか寝つけなかった。キャプテンの山田のことを考えていたという。

「学業成績の良かった山田は、進学校の八戸高校に進んでもよかったのにウチに来てくれたんです。人柄もよく、キャプテンとして部員からも信頼されていました。秋季大会で初戦敗退してチームがバラバラになりかけた時も、山田が部員を説得して連れ戻してくれた。

それからは『コマネチ』っていうビートたけしのギャグを真似して皆の笑いをとって、チームの雰囲気を盛り上げてくれていたんです。たまたま決勝戦で八戸高校と対戦することになったんですけど、どうしても山田を甲子園に連れて行ってやりたいと思いました。山田にはウチの高校を選んでよかったと言ってほしかったんです。決勝の前夜は、山田をはじめ、選手一人一人のことを考えていたら、ほとんど眠れなかったです」

笑って作ったチームは、最終的に笑って終われるのか。

決勝戦は、リードを許す展開になった。三回と六回に一点ずつ取られる。それでも六回裏に追いついたが、八回表に再び二点のリードを許して雰囲気が悪くなった。すると八回裏、ベンチ前の円陣でキャプテンの山田が、いきなり「コマネチ」をかまして爆笑をとった。メンバー全員が大笑いすると、ベンチの雰囲気がスッと軽くなった。皆の表情が柔らかくなって打線がつながり始めた。この回、練習してきたエンドランも決まって一挙四点を取って逆転、そのまま六対四で甲子園切符をつかんだのだった。

「このチームの選手たちに助けられたと思いました。この子たちが勝たせてくれたんだなあと。それまではオレがお前たちを甲子園に連れて行ってやる、報徳の野球をやれば勝てるとうぬぼれていたんですが、私が選手たちに甲子園へ連れて行ってもらうんだなとつくづく思いましたね」

甲子園では、初戦で中津工（大分）に二対八で敗れた。それでも八戸工大一は、夏の甲子園で青森代表として四年ぶりに得点をあげ、二年ぶりにヒットを放つことができた。

それまでの青森代表は三年連続で完封負け（弘前工〇対五熊本工、東奥義塾〇対五鳥取西、木造〇対七佐賀商）をしていた。しかも、前年の木造は、佐賀商の新谷博（駒澤大―日本生命―西武、日本ハム）に九回二死まで完全に抑えられた。二七人目の打者となる一年生の代打が死球を受けて辛くも完全試合を免れたが、ノーヒットノーランに抑えられていた。

山下が振り返る。

「青森代表の試合経過を見ると、ランナー二塁でヒットが出ても全部三塁で止まっていたんです。だから、選手たちには『甲子園というところは、ランナー二塁でヒットが出たら絶対に点が入るところなんだ。ランナーは全部回せ』と、いわば暗示にかけていました。前年がノーヒットで負けていますから、心の中では一本ヒットが出るまでヒヤヒヤしていました」

青森の快進撃

青森県の高校野球の歴史は、この一九八三年（昭和五八）が大きな転換点となった。

甲子園に初出場したことで、八戸工大一には地元や岩手県の北部、つまり旧南部藩の地域からレベルの高い選手たちが集まるようになった。夏の初出場から四年目の一九八七年

（昭和六二）には、春夏と甲子園に連続出場する。

「五〇メートルを六秒前後で走る選手が四人いて、自分で走れると判断すれば自由に盗塁していました。ヒットエンドランなどの作戦もある程度思い通りにできましたし、足でかき回して投球が甘くなったところを狙い打ちできるようになっていました。投手も河村文利（日大―NTT東北）がしっかりして戦力的には東北でもトップレベルだという手ごたえがありました。選抜で『チーム状態はどうだ？』と問われると、『ようやく努力が実って花の咲く世代になりました』と話していました」

選抜大会の初戦で丸亀商（香川）を四対〇で下した。この勝利が青森勢としては、あの太田幸司を擁した三沢以来、実に一八年ぶりに甲子園であげた勝利だった。青森勢の連敗記録を三沢の決勝再試合も含めれば「一六」、初戦敗退に限れば「一五大会連続」でストップさせた。

「二塁ランナーが投球と同時にスタートを切ると、サードがベースに入りますね。だからバッターはサードへ転がす練習をかなりしてました。それが成功してランナー三塁になると、今度は『ゴロゴー』だと。打球がワンバウンドした瞬間に、三塁ランナーがスタートを切るという練習を繰り返していました。そういうケースでゴロを捕った内野手はホームへ投げるので、三塁ランナーの足が速ければ、本塁も一塁もオールセーフになる。すると一塁ランナーが盗塁して二塁へ行けば、またランナーがスタート、サードへ転がしてランナー三塁を作ってゴロゴーという攻めの繰り返しで四点取りました」

快心の勝利だった。地元の八戸では、八戸工大一の試合中は市民がテレビ中継に熱中し、繁華街でも人通りが途絶えたという。

二回戦でも日向学院（宮崎）を四対〇で下し、準々決勝では関東一（東京）に延長一三回二対三とサヨナラ負けしたが、堂々たるベスト8だった。八戸市内のデパートが甲子園での快進撃を祝って急遽バーゲンセールを催すほどだった。

さらに、甲子園から新幹線を乗り継いで帰ってきたチームが、盛岡駅から特急「はつかり」で八戸駅に到着すると、駅前に市民が詰めかけて出迎えてくれたし、試合をすれば、女子高生たちが集まってきた。

「私が球場から出ようとすると、集まった女子高生たちのキャーッという、悲鳴のような声があがりまして。『うぉ、すごいな』と思ったら、『なんだ、監督だ』と言われて溜め息になったり。その間に選手たちが別の通路から出たこともありました」

地元では、選手たちがアイドルだった。しかし、そんな騒ぎにも浮かれず、八戸工大一は夏の青森予選も順調に勝ち上がり、甲子園切符をつかみ取った。夏の甲子園では、初戦で蔦文也率いる池田（徳島）と対戦した。

「新聞社の企画で蔦監督とお会いして、『池田が横綱だったら、ウチはけたぐりのうまい小結くらいですかね』と言ったら、蔦監督が『山下さん、それは無理だよ。うちのピッチャーは二人とも左で牽制うまいから、お前とこ走らせせんけんのう』と言われました。私はビデオで見て、たいして牽制はうまくないと思っていたんですけど、試合で本当に刺されました」

それでもエンドランが見事に決まって先制する。

「蔦監督には失礼ですが、一塁ランナーが走ると、セカンドもショートも早めにベースに入っていたので、転がせばよいなと思いました。日頃からエンドランの練習をして、センターラインははずすとか、詰まってもいいからライト方向へ転がすとか、引っ張って三遊間に転がすといった練習をよくしていましたが、それが決まりました」

エースの河村が、強打の池田打線をよくしのいだ。

「大会前にＰＬ学園のコーチの方にお会いする機会があったんです。その四年前、ＰＬ学園は水野（雄仁　読売）や江上（光治　早稲田大―日本生命）のいた最強時代の池田と対戦して勝っていた（七対〇）。当時一年生の桑田（真澄　読売）が完封（五安打）したのですが、どうやって抑えたんですかと尋ねました。そしたら、桑田はアウトコースのカーブで打ち取ったと。ストレートのボール球でインコースをガンガン攻めたので、外角のカーブが余計に効果的だったというお話でした」

八戸工大一のエース河村も、カーブとスライダーを武器にしていた。それを外角に集めてうまく打ち取っていた。だが、そのカーブを内角に投げミスしたのをホームランされたりして、結局、当時一時代を築いていた池田には四対五で競り負けた。

それでも八戸工大一は一九八〇年代に一つの殻を破り、全国レベルに成長した。これを契機に青森県の高校野球は、歴史の歩みを速めていくことになる。

山下が学生の時、新宿の居酒屋で福島敦彦から「就職はどうするんや?」と尋ねられなかったら、青森の高校野球に新たな風が吹くことはなかっただろう。そして、八戸工大一の監督に就任したのが山下でなかったら、青森は四〇年後の今も高校野球弱小県のまま取り残されていたかもしれない。

第6章

青森② 光星学院 金沢成奉

筋を通せばチャンスは巡る

三人の監督候補

現在の八戸学院光星が、野球部の強化に乗り出したのは一九九三年（平成五）のことである。距離にして一キロほどの八戸工大一が、三回目となる夏の甲子園に出場した後のことだった。

八戸学院光星は、一九五六年（昭和三一）に創立されたカトリック系の私立高校で、創立当時の校名は「光星学院」といった。野球部は創立の年から夏の青森予選に参加しており、青森県内では攻守にまとまる中堅校として知られていた。

ところが、八戸工大一が甲子園に出場してから地元の有望選手が集まらなくなった。夏の青森予選でも三年連続して初戦敗退という屈辱を味わう。ひと足先に野球部強化に乗り出した青森山田も、その一九九三年の夏に悲願の甲子園出場を果たしていた。私学二校に対して大きくおくれをとった光星学院は、野球部の立て直しを東北福祉大監督の伊藤義博に頼った。

東北福祉大は、宮城県仙台市にある。一九八四年（昭和五九）の終わりに、大阪の桜宮高校で監督をしていた伊藤義博を野球部に迎えてからメキメキと力をつけ、一九九一年（平成三）には全日本大学野球選手権で優勝するまでになっていた。延長一七回までもつれこんだ関西大との決勝戦では、一死二、三塁のチャンスに三番打者の金本知憲（広島東洋、阪神）が決勝タイムリーを放った。光星学院は、東北の大学を日本一に導いた伊藤の人脈に頼ったのである。伊藤としても三八歳で東北に来て九年が経ち、東北人のあたたかさにも触れて人や街に愛着が芽生えていた。

「東北のためにも、なんとかせなあかん」

伊藤は教え子の中から光星学院の監督に三人の候補を選んだ。当時、こんなエピソードが残っている。

監督候補として三人が八戸にやってきた。伊藤が本命視していたのは、聖望学園（埼玉）の監督を務めていた岡本幹成だったという。桜宮高校から東北福祉大に進んだ大阪人で、後に鳥谷敬（早稲田大—阪神）を育て甲子園出場も果たす。もし岡本が光星学院の監督になっていたら、また青森の高校野球の歴史は違っていただろう。阪神タイガースの歴史まで今とは違ったものになっていたかもしれない。

ところが、三沢空港から八戸市内にワゴン車で向かう途中、「動物注意」や「クマ注意」の看板が現れると、関東の人だった夫人は驚きの声をあげた。気が気でなかった運転手は、思わず「自然が多くていいですねぇ」とつぶやいていた。車を下りると、もう五月なのに雪が舞いそうなほど寒かった。冷気に震える夫人を見て、運転手が「涼しくてええところやん」というと一同が爆笑になった。

結局、監督を引き受けたのは、夫人が青森出身の津屋晃だった。津屋自身は大阪出身で桜宮高から東北福祉大に進み、東北の暮らしにも慣れていた。この時、東北福祉大を出たばかりの仲井宗基（現監督）もコーチとして赴任することになった。仲井も桜宮高の出身で、大学四年になって肩を壊し、指導者の道を歩む決意をしていた。

一九九三年の秋、二人がチームに合流すると、野球部員は一、二年生を合わせて一七人しかいなかった。津屋と仲井はツテを頼って大阪から選手を集めた。こうして光星学院は、指導者も、主力選手も関西人というチームになっていった。

四月になると六戸町出身の洗平竜也（東北福祉大―中日）が入学した。キレのよいピッチングをする大型左腕の活躍もあって光星学院の実力はアップしたが、二年連続して青森予選の決勝で敗退する。洗平という地元期待の星を擁しながら勝ち切れなかったことや、それ以外にもさまざまな事情が絡んで、最終的に監督が交代することになった。

後任として、東北福祉大の伊藤が指名したのが、その二年前、監督候補たちを案内するために運転手をしていた男だった。五月というのに青森の寒さに震える夫人を見て、「涼しくてええところやん」と発して爆笑をとった運転手。それが、福祉大のコーチをしていた金沢成奉である。伊藤は、福祉大の後継者にと考えていた切り札を送り込んだ。

野球留学生への逆風

金沢は、チームの戦力を見てすぐに甲子園へ行けるはずだと思った。実際、就任直後の秋季大会で優勝する。光星学院にとっては春、夏、秋を通じて初めての県大会優勝だった。

さらに、翌一九九六年（平成八）の春も県大会で優勝したが、金沢には一つの懸念があった。それは、エース洗平では夏の青森予選を勝ち切れないという直感だった。

「洗平は、高校卒業後、東北福祉大学を経て中日に入りますが、ずっとコントロールに苦しんだでしょう。高校時代も同じでした。青森の子どもらしく純朴で心優しい生徒でしたが、ここ一番の勝負どころで強気になれず、自滅する傾向がありました。下の学年にいい投手が育っていたので、洗平に頼る必要はないと思いました」

金沢成奉

現実に、春季大会の準決勝も決勝も、洗平を投げさせていなかった。しかし、メンバーに関西出身者が多い中、六戸町出身の洗平は地元のヒーローだった。夏の予選が近づくと、マスコミも二年連続して決勝で敗れた悲劇のエースを何度も取り上げた。学校側の要請もあって、金沢は洸平に「1」を託さざるを得なかった。

夏の青森予選で、光星学院は圧倒的な強さで勝ち上がった。弘前実との決勝戦でも、洸平のボールのキレは抜群だった。弘前実の打線は、まともに打ち返すことすらできずにいた。しかし、案の定コントロールが不安定で、六回まで無得点に抑えてはいたものの、九つの四死球を与えていた。

「試合が終盤に入って、目の前に『甲子園』がちらついたら、どうなるか？」

金沢は、一抹の不安を拭えなかった。しかし、夏の予選は、わずかでも不安があって何とかなるほど生やさしい戦いではない。

四点リードの七回、洸平が四球を与える。ますます盛り上がる弘前実の応援席。襲い掛かるプレッシャーを洸平ははね返せなかった。心と投球の微妙なコントロールを失い、ストライクを取りにいったボールを狙われて四安打を浴びる。瞬く間に同点に追いつかれた。そして、八回、先頭打者に死球を与えると、洸平は自らマウンドを下りてしまった。試合後、彼は、

「甲子園は（四点リードの七回に）頭をよぎったが、このままではチームに迷惑がかかると思って（自分からマウンドを下りた）」

と絞り出すようなコメントを残している。

真剣勝負の怖さがここにあった。言い訳なんて通用しない。ごまかしも通らない。全身全霊をかけて戦う真剣勝負が、高校野球の真髄というものである。

試合の流れは完全に弘前実に傾き、リリーフした下級生が打たれて二点を失った。結局、光星学院は四対六で敗れ、三年連続で甲子園出場のチャンスを逃すことになった。

金沢は、すぐに辞表を書いたが、学校側から強く慰留された。今度こそは勝負師の目でメンバーを選び、秋季大会に挑んだ。大阪からの野球留学生で新エースの児玉真二が、準決勝で青森山田（四対〇）、そして決勝で大湊（六対〇）を連続完封して優勝した。さらに、東北大会でも全四試合をエースの児玉が投げ切って、光星学院は初めて東北大会を制した。翌一九九七年（平成九）の選抜大会で、光星学院はついに東北地区代表として甲子園初出場を果たす。さらに、夏の青森予選でも、決勝で青森山田を一一対〇と圧倒。春夏連続で甲子園に出場した。

ところが、光星学院は、この春夏連続出場という快挙を、青森の人たちに喜んではもらえなかった。登録メンバーに大阪からの野球留学生が多かったせいである。地元青森出身者はスタメンの一人を含めて三人しかいなかった。

「外人部隊」、「大阪第二代表」、「光星学院の公用語は関西弁」、「甲子園出場が里帰り」、「保護者は甲子園に歩いて応援に来る」……。

球場では野次も浴びた。夏の甲子園でも、光星学院の一番打者だった山根新が、佐賀商戦（九対一〇で敗退）で青森代表として初めてのホームランを放った。この時点で、四七都道府県でホームランを打っていないのは青森代表だけだった。しかし、山根が大阪出身であるため、青森代表の第一号とは認めないと声高に騒ぐ人さえいた。

金沢が振り返る。

「たとえば、エースの児玉にしても、前監督の津屋さんの時代に大阪から来た子ですが、中学時代は大淀ボーイズのショートで四番手だった子ですからね。そういう子が青森で一生懸命頑張ってエースになって甲子園へ出たのに、周囲では大阪のうまい子を連れてきて簡単に勝ったように思われていました。当時は、八戸や三沢のうまい子に声をかけても、みんな八戸工大一へ行ってウチには来てくれませんでした。かといって大阪でも、青森の無名校に行ってもいいという子は少ないですよ。そこをわかってほしいなあと思っていました」

あの時に似ていた。

金沢は、勝っても歓迎されないという〝逆風〟を、すでに大学時代の仙台で経験していた。プライドや面目にこだわっては立ち行かなくなることも、よくわかっていた。ここはじっと耐えるしかない。金沢は、子どもの頃から逆境に耐えることには慣れていた。

出場辞退の衝撃

金沢成奉は、一九六六年（昭和四一）、大阪の吹田市に生まれた。在日韓国人の家庭で、物心のついた頃から家庭は貧しかったという。

「当時は差別も色濃く残っていた時代で、家も貧乏だし、なんでこんなに辛い毎日を送らなあかんねんと思っていました」

幼い時から耐えることと、辛抱することには慣れていた。そして、人生の辛さを懸命に耐えていると、小学三年生の時、チャンスが巡ってきた。

「きっかけは引っ越しでした。歩いても行けるほど近いところに引っ越したんですが、その家の向かいがソフトボールの監督の家だったんです。誘われて始めたら面白くて。高校生になったら甲子園に出てプロ野球選手になるんだと夢中になってのめりこんでいきました」

金沢は、小さい頃からテコンドーを習っていた。腕に覚えがあるから、ケンカには自信があった。かなりのやんちゃもしており、野球に出会わなかったら、どんな道に足を踏み入れていたかわからなかったという。「辛抱」という字は「辛さ」を抱えると書く。しかし、辛さに耐えていれば、いつかチャンスが巡ってくる。「辛」に「一」を足すだけで「幸」という字になることを、金沢は子どもの頃から身をもって体験していた。

中学校では軟式野球のクラブ活動に夢中になった。高校は中学の先輩の後を追って太成高校（現太成学院）へ進んだ。三年生の夏は六番セカンドで副キャプテンを務めていた。ただし、大阪の優勝候補は、桑田・清原が二年生のＰＬ学園である。難攻不落の大本命だったが、太成も春季大会でベスト４まで勝ち上がり、夏の有力校の一つに数えられていた。大阪予選初戦では、春の選抜大会に出場した府立三国丘を三対一で下した。

「よっしゃ、こっからや」、「待ってろ、ＰＬ」

チーム全体で大いに盛り上がった夜、金沢のチームは地獄の底へ突き落とされた。

「もともと指導者の暴力事件があって、大会前から出場できるかどうかという話はあったんです。それでも監督がベンチに入らなければＯＫということで出場したんですが、初戦に勝ったことで『なんで出場しているんや』と騒ぎ出した者がいたんだと思います。出場辞退はＮＨＫのニュースで知りました」

その瞬間の金沢の心境はいかばかりだったろうか。念のため尋ねてみたが、さすがの金沢も言葉が出てこなかった。しかし、金沢にとって、もっと大変だったのが後輩たちの指導を任されたことだったという。

「いろんな問題が重なっていたのと、当時の処分は今よりずっと厳しかったので、対外試合の禁止期間が一年半だったんです。一つ下の後輩たちは、翌年の夏も大会に出られません。目標を失っているのに野球を続ける辛さもわかりますし、どう指導していいのか、どんな言葉をかけていいのか。出場辞退を知った後より、この時のほうがきつかったです」

この頃、金沢は、将来的に野球の指導に携わりたいと思うようになっていた。

「野球に出会って救われたという思いが強かったんです。野球に出会うことで人生が変わるということもあるんだなと。子どもたちに野球の楽しさを教えたり、甲子園へ行きたいという夢をかなえてあげたい。野球を通して子どもたちを導いていくのが自分の使命なのかなと思ったりしていました」

そんな時、高校の監督が「東北福祉大へ行かへんか」と声をかけてくれた。話を聞いてみると、桜宮高校監督の伊藤義博が、東北福祉大の監督に就任するという。そこで大阪から選手を連れていきたいと探しているということだった。太成の監督が、

「選手としては戦力にならないかもしれないけど、絶対に役に立つ人間だから」

と金沢を推薦してくれていた。辛抱の後に、またチャンスが巡ってきた。

「家に帰ってオヤジに話したら、『どこにそんな金があんねん、行けるわけないやろ』と言われて、そら、そうやと」

高校の監督にそのまま話すと、今度は特待生として授業料免除で入学できるという話をまとめてくれた。

「それでまたオヤジに相談したら、『仙台へ行く金もない』と言われたんです。『これはあ

かんわ』と。監督には申し訳ないけど、ここまで貧乏ならどうにもならないと諦めました」

ところが、チャンスはまだまだ終わらなかった。

「その時、姉が東京へ嫁いでいたんですけど、姉の夫が『本気で行きたいのなら金を出してやる』と言ってくれたんです。それで東北福祉大学へ行けました」

八戸工大一の山下繁昌の時もそうだったが、金沢の場合も野球の神様の采配としか思えない。

地元からのバッシング

金沢は、東北福祉大に野球留学する関西人としては第一期生である。といっても、入学してすぐに肩を故障して、三年生で学生コーチになった。その三年生の時、チームは全日本大学野球選手権で準優勝をする。金沢にも学生コーチとして準優勝に貢献できたという自負はあった。ところが、東北の人たちからは、必ずしも祝福されなかった。同じ大学内ですら、批判的な声が耳に突き刺さった。

「中には『関西人ばかりの野球部で、どこが東北福祉大なんだ。関西福祉大に名前を変えろ』と言う人もいました」

金沢は、この時、伊藤のじっと耐える姿をそばで見ていた。まさか、それから一〇年後に自分が同じ立場になるとは思わなかったが、慌てず、騒がず、ドシッと構えた伊藤の、器の大きさを改めて感じていた。

金沢は、この時も東北の人たちに誤解されていると感じていた。筆者は生前の伊藤にインタビューしたことがあったが、選手のスカウトについてこんな話をしていた。

「高校野球で目立ったり、プロが注目するような選手に声をかけても、東北福祉大へ来てくれる子なんていませんでした。みんな東京六大学か、東都大学リーグ、関西の子は関西学生リーグの大学を志望していました。だから、東京や関西の大学に行けなかった子や一芸に秀でた子ですね、肩が強いとか、打球をよく飛ばすとか、足が速い子とか、そういう子たちに声をかけて来てもらいました。たとえば、広陵出身の金本知憲は法政大や中央大に入れず、一浪の末、東北福祉大に来ましたし、桜宮高校出身の矢野燿大（中日、阪神）も東海大に行けなくて東北へ来ました。県立岐阜商出身の和田一浩（神戸製鋼―西武、中日）は、憧れの明治大に行けなくて失意のまま宮城までやってきたんですよ」

当時の東北福祉大というのは、そういう夢破れたヤツらが集まっていた。そして、仙台の地で、まさしく臥薪嘗胆、一心不乱に練習に打ち込んだ。お互いに切磋琢磨することで、高校時代には見向きもされなかった東京や関西の有名大学に勝てるようになった。金沢は、その過程をつぶさに見ていた。

「東北福祉大は、確かに関西出身の選手で強くなりました。でも、強くなったからこそ、仙台出身の佐々木主浩（横浜、シアトル・マリナーズ、横浜）や斎藤隆（横浜、ロサンゼルス・ドジャース、ボストン・レッドソックス、アトランタ・ブレーブス、ミルウォーキー・ブリュワーズ、アリゾナ・ダイヤモンドバックス、東北楽天）、福島県出身の作山和英（福岡ダイエー）のように地元の有望選手が入って活躍しました。斎藤と作山の時に大学日本一になりましたが、その頃には東北の人たちからも応援してもらっていました。東北の人は、人間関係でも最初はよそよそしい感じなんですが、ひとたび心を開けば、とても温かいし、よくしてくれます。野球部に対する態度も同じだと思いました。最初は認めてくれなくても、一生懸命やっていれば、いつか応援してくれるようになると思っていました」

金沢は、光星学院がバッシングを受けても、少しも慌てていなかった。コーチの仲井にこう声をかけた。

「いつか青森の人たちが応援してくれるチームを作ろうな。青森の人たちが応援してくれるチームを作らんと、甲子園でも勝てへんから」

逆風の中でも正しい努力を続けていれば、必ず地元の人たちからも応援してもらえる日が来ることを、金沢は知っていた。

八戸工大一の逆襲

ただし、この時期、金沢は青森の高校野球界からも手痛いしっぺ返しを食らう。

光星学院は、一九九七年の春、夏と甲子園に連続出場し、翌一九九八年（平成一〇）の選抜大会にも出場した。甲子園で初勝利はあげられなかったが、青森県内では九六年秋から九八年春まで連戦連勝だった。九八年の夏も、青森代表は光星学院が本命の中の本命と見られていた。そんな夏、密かに甲子園を狙っていたのが八戸工大一であった。

八戸工大一は、一九九〇年の夏に甲子園に出場した後は勝負弱くなっていた。思うような結果が出なくなっていた時、八戸工大一を率いる山下の耳に、

「地元の子たちで甲子園に行ってほしい」

という声が届いた。

「よし、関西から来た子たちに負けるものか」

山下の新たな信念となった。

八戸工大一のこの学年は、あの三沢高校の「血」を受け継ぐチームでもあった。一九六九年の夏に甲子園で準優勝した三沢高校。九番レフトで出場していた立花五雄の息子・裕晃が、八戸工大一の野球部に在籍していた。立花五雄は、「延長一八回　〇対〇」となった、あの伝説の松山商との決勝戦、一五回裏一死満塁という大チャンスで打席に入った人である。

カウント3ボール1ストライクから低めの投球を見送る。郷司裕球審の右手がサッと上がると、あっと悔しそうな表情をした人だった。次の六球目を打つと、打球はワンバウンドしてピッチャーの左横に転がった。松山商のエース井上明（明治大）が飛びついたが、打球はグラブに触れて進路を変える。「三沢のサヨナラ優勝」と思われた一瞬後、ショートの樋野和寿（明治大―日本鋼管）が素早くバックアップすると本塁へ投げた。満塁だったのでフォースプレーのところ、キャッチャーがタッチにいき、実況の羽佐間正雄アナウンサーも「アウト、アウト、タッチアウト」と叫んでいたが、立花五雄は今も語り継がれる伝説の決勝戦の、最も緊迫したプレーに関わっていた。

その立花五雄が、三沢で子どもたちに野球を教えていた。息子の裕晃も含めた教え子たちが八戸工大一に集まっていた。裕晃はひょうひょうとしていて、ライバルの光星学院の寮にも気軽に遊びに行くようなタイプだった。

「光星学院の寮に小学校の時の友だちが入っていたので、テスト期間とか、練習のない時に遊びに行ってました。ファミスタとか、パワプロを一緒にしていたんですけど、関西の子たちは一球ごとに五言くらいしゃべって、それがいちいち面白くて笑い転げていました」

物怖じしない性格はピッチャーに向いていた。球速は一三〇キロ前後だったが、ストレートにキレがあり、今でいうツーシームも投げた。何より投球のほとんどがキャッチャーの構えたミットにきちんと納まるほどコントロールが抜群だった。また、キャッチャーの中村大輔も、洞察力に優れてリードが巧みで、センターラインを中心に守備は鍛えられていた。

八戸工大一のこの世代は、一年生大会で光星学院に勝っており、名前負けすることもなかった。三年生になった春季大会で、スキを見せたのは光星学院のほうだった。準決勝の弘前南戦に勝ちはしたが、右サイドの変則投手に苦戦したのである。決勝は光星学院対八戸工大一のカードになり、金沢はエースを先発させている。だが、山下は野手に投げさせた。二年生の右サイドとエースの立花をあえて隠したのである。それでも一対三と食い下がれたことで、むしろ八戸工大一ナインのほうが手ごたえをつかんでいた。

夏の青森予選は、予想通り光星学院と八戸工大一が決勝で顔を合わせた。勝ったのは八戸工大一だった。スコアは三対二。勝因は「すべてがうまくいったこと」と攻守の要だった中村が振り返った。

山下が相手バッテリーの配球を読んで、ストレートなら打てるとエンドランのサインを出したら、バッターがドンピシャのタイミングで振り切り、タイムリー2ベースとなった。一、三塁でスクイズを外されたが、辛うじてファウルにし、強攻策に切り替えると三遊間を抜けるタイムリーとなったのだ。しかも、準決勝までは当たりの出ていなかったバッターにタイムリーが出て、ベンチは異常なくらい盛り上がった。

強打の光星学院に対しては、狙い通り、右サイドの緩急がはまった。二年生の松原好辰は、二回、先頭バッターに死球を出すと、打席でグッとにらみつけられて驚く。それでもキャッチャー中村の声掛けで落ち着き、一三〇キロ台中盤のストレートで内角をガンガンついた。準決勝までは外角中心の配球にしておいて、光星打線が踏み込んで外角狙いとわかれば、内角を強気に攻めるというのが大会前に考えた必勝プランだった。また、春季大会の青森山田戦で、松原の内角攻めが強力打線に通用することも確認していた。打倒光星に向けて準備は万端に整えていた。

三点目となるタイムリー2ベースを放ったキャプテンの柳町亨は、

「ピッチャーの松原の調子がよく、ピッチングも乗っていたので、七回裏に三点目を取った時にこのまま最後まで行っちゃうなと思いました」

と振り返る。それほど試合の流れは八戸工大一に傾いていった。最終回に松原は死球のランナーを出した。また光星の打者ににらまれたが、今度は松原もにらみ返した。最後は渾身のストレートで空振り三振に斬ってとった。

山下にとっても快心の勝利だった。八年ぶり四回目の夏の甲子園切符を狙い通りにガッチリと握ることができた。

ただ、夏の甲子園では鹿児島実のエース杉内俊哉（三菱重工長崎―福岡ソフトバンク、読売）にノーヒットノーランに抑えられてしまった。ストレートは一四〇キロという球速以上に感じ、落差のあるカーブは、右打者が「外角高めと思ったボールが内角低めに決まっていた」と度肝を抜かれた。一六個の三振を奪われ、〇対四と完敗だった。

「ベストミックス」のチーム

青森県内で連戦連勝だった光星学院が、地元組の八戸工大一に止められた。金沢にとっても大きな衝撃だった。

「三季連続で甲子園に出場して天狗になっていました。青森ではもう負けることはないと思い上がっていましたから。八戸工大一との決勝でも、うちの選手がデッドボールを当てられて相手ピッチャーをにらみつけたのに注意もしなかったです。八戸工大一に負けたことで、改めて謙虚な気持ちになりました。あの敗戦が二〇〇〇年の甲子園ベスト4につながっていきました」

光星学院は、甲子園に初出場して以来、青森県内からも有望選手が来てくれるようになっていた。金沢は有望選手がいると聞けば、直接足を運び、実際に見た。また、中学校の先生とも話をし、本人や保護者とも言葉を交わした。金沢の胸には理想のチーム像があった。恩師である伊藤の語っていた「ベストミックス」のチームである。

「伊藤先生が話していたのは、関西人の泥臭く、こけてもタダでは起きないというしたたかなところ、関東人の洗練されてスマートなところ、それから東北人の粘り強く、勤勉なところ。それらがちょうどよい状態で混ざり合うようなチームが一番強いということでした」

そもそも、一年生として入学して寮生活が始まると、最初は関西人のハッタリに東北の子たちが引いてしまうという。まあ、関西人にはウケ狙いで話の中身を盛ってしまう人間が少なくない。でも、東北出身の子たちも金沢が足を運び、プレーを見て集めた有望選手たち。しだいに東北の子たちがグラウンドで実力を発揮する一方で、関西人のハッタリが落ち着いていく。お互いの実力や性格がわかってくる頃、ようやく対等に付き合えるようになる。そこまでいくのに入学から半年はかかるという。

やがて冷え込みがきつくなり、一一月には雪が降りだす。初めて迎える北国の冬に関西や関東の子たちが参ると、東北の子たちが雪かきを教え、道路を滑らない歩き方を教える。こうして対等な付き合いが深まっていくと、関西人は東北人のあたたかさに癒やされるようになるそうだ。また、東北の子たちは関西人の明るさや元気さ、切り替えの早さなどに心を開いていく。さらに、関東の人間のスマートさやこだわりのなさに、関西人や東北人も影響を受ける。こうしてグラウンドの外でも、お互いの良さを認め合えるようになると、人間としても大きく成長するという。

人間的成長なくして、野球の進歩もない。

部員たちが人間的に成長すれば、それが普段の練習に表れていく。普段の練習が変われば、それがチーム力の向上につながっていく。八戸工大一のお陰で謙虚さを取り戻した金沢は、改めて丁寧なチーム作りに取り組んだ。

青森を味方に

金沢の取り組みが実を結んだのが、二〇〇〇年（平成一二）の夏だった。

あらかじめ「ポジション争いで同じ程度の実力なら、青森出身者を優先する」と宣言して鍛えたチームは、互いに融合して「ベストミックス」の好チームへと育った。二枚看板の一人だった根市寛貴（巨人、近鉄、楽天）をはじめ、スタメンのうち六人が青森出身だった。

甲子園でも、初戦で粘り強さを発揮して丹原（愛媛）に一〇対八と逆転勝ちすると、九州学院（熊本 四対三）にも勝って、前年の青森山田に並ぶ準々決勝に進出する。

その準々決勝の相手は、前年に青森山田が負けた樟南（鹿児島）だった。金沢は、この試合に背番号「3」の根市を先発させた。根市は八戸市に隣接する南部町の出身で、金沢に言わせれば、「潜在能力は抜群に高いのに、人の良さや気の弱さで力を出し切れない」という青森の子どもの典型的なタイプだった。そんな根市が、元気で明るく、何ごとにも積極的な大阪の子どもたちと二年四ヵ月にわたって苦楽を共にした間に、どんな人間に成長できたのか。大げさにいえば、光星学院の教育機関としての存在意義が問われる試合であった。

「いつも立ち上がりが悪いので、あえて強気でいこう」

青森出身のキャッチャー河村大典と気合を入れ直して上がったマウンドで、根市は内角をグイグイと攻める。これで波に乗ると優勝候補ともいわれた樟南相手に最速一四六キロのストレートで真っ向から勝負を挑み、五安打一二奪三振と圧巻のピッチングを見せた。まさに金沢のいう「ベストミックス」を実現した青森っ子の堂々とした姿だった。

最後は一点差に迫られて、なおもランナー一、二塁で、ショートへ転がった打球がイレギュラーしてレフトへ抜ける。すると、素早くバックアップした青森出身でレフトの小浜巧聖がホームへ好返球。同点寸前でタッチアウトという劇的なプレーで勝利をつかむ。青森代表としては、準優勝した三沢高校以来の準決勝進出だった。

準決勝では、優勝する智辯和歌山に五対七で敗れたが、青森の子どもたちが甲子園で躍動したことで青森県内でも大きな盛り上がりとなった。

「このベスト4で、県内での雰囲気がガラリと変わりました。優勝したわけでもないのに、八戸に帰ったらパレードでした。何万人も集まってくれて。その前まで外人部隊だ、大阪第二代表だとかいわれていたのが、もうスター扱いになっていました」

実際、選手たちの活躍を讃えてくれる人のほうが増え、金沢はやっとここまできたと思った。

関西から舞い降りた落下傘チームも、七年の歳月を経てようやく地元に根付いたということだろう。一歩ずつ、しかし着実に前進することで、青森の人にも応援してもらえることを改めて確信した。

暗闇の中でも、正しい道が見える。それが金沢に与えられたリーダーとしての資質だろう。といって、人ひとりの力など、たかが知れている。他人との出会いが、その人に人間としての強さを与えてくれる。金沢は、伊藤と出会ったことでリーダーとしての資質を与えてもらった。

光星学院は、翌二〇〇一年の夏も甲子園に出場。福島県出身の松崎伸吾（東北福祉大―東北楽天、阪神）を擁してベスト8に進出し、甲子園強豪校の一つに数えられるようになった。金沢としては、いよいよ「全国制覇」という目標が見えてきたところだったが、そんな目標を打ち砕いたのが、野球部のさらなる強化に乗り出した青森山田だった。

青森山田のスカウト

二〇〇二年（平成一四）、青森山田の監督に、日大山形で春三度、夏一一度甲子園に出場、通算九勝をあげた渋谷良弥が就任した。それまで監督だった五十嵐康朗が、高校時代の恩師を後任の監督として迎えた形になった。金沢にとっては、渋谷・五十嵐の師弟コンビも手ごわかったが、より衝撃が大きかったのは井元俊秀という人物が、選手のスカウトを担当すると聞いたことだった。

「チーム作りで一番大事なのは選手のスカウトです。井元さんがスカウトを担当すると知って、青森山田は強くなると覚悟しました」

井元は、その前年までPL学園で入学窓口を一任されていた人物である。一九七二年（昭和四七）に野球部の行き過ぎた指導などで集団退部事件が起きたのをきっかけに、井元は野球部に入る新入生の選考を任されるようになった。それ以降、井元が勧誘した選手たちが活躍することで、PL学園はKKコンビが出現したり、春夏連覇を達成するなど黄金時代を迎えた。

青森山田でも、井元は関西を中心としたスカウトを担当することになった。

たとえば、二〇〇六年（平成一八）、京都北部の「オール丹波」（ヤングリーグ）に諏訪貴大というスラッガーがいた。夏休みに、井元が評判のピッチャーを見に行くと、相手チームの主砲だった諏訪のほうを気に入る。当時、綾部中学の三年生だった諏訪自身は、強豪校へ進学して甲子園をめざすというつもりはなかったという。数日後、井元が綾部まで来て中学校を訪問。校長に挨拶をして諏訪本人とも会った。だけど、青森山田と聞いても、あまりに遠くてピンと来なかった。それでも進学を決めたのは、井元の話に未来が開けたからだった。

「井元先生から『甲子園に出れば、関関同立のどこかに入れてやる』と言われたことです。青森県なら山田か、光星が甲子園に行ける確率が二分の一だということで、甲子園に出て、大学でまた関西に帰って来られると思いました」

学業成績も優秀だった諏訪は、井元の話に心を鷲摑みにされた。

九月に、青森まで学校や施設を見学に行った。グラウンドに行くと、吉田一将（日大―JR東日本―オリックス）や石井裕大（青山学院大―西濃運輸）らが練習しており、そのレベルの高さに圧倒される。こんな高いレベルの中で頑張れば、関西の有名大学に行けるんだと自分の将来に思いをはせた。

結局、諏訪は三年生の夏、背番号「13」をつけて甲子園に出場する。青森山田が六年連続で夏の甲子園に出場した時の、ちょうど六年目にあたる。春季大会でまさかの地区予選敗退を喫し、以来、学校の教室にほとんど入ることなく、野球の練習に明け暮れた世代である。甲子園では、初戦で東農大二（群馬　延長一〇回　一対二）に敗れ、諏訪の出番もなかったが、甲子園に出るという目標は果たし、大学は指定校推薦で同志社大に進んだ。同志社大に進むのに、井元がどのように関わったのかは知らない。大学では硬式野球をせず、卒業後は銀行に就職した。

この諏訪のように穏やかなスカウト活動の裏で、関西や関東の中学生を青森山田中学へ転校させるケースが増えていく。また、二〇〇五年に千葉ロッテからドラフト一位指名された柳田将利のように数十校によるスカウト合戦を勝ち抜いて入学させたこともあった。

いずれにしろ、青森山田の強化策は実り、二〇〇四年（平成一六）から六年連続で夏の甲子園に出場する。その間、光星学院は、夏の青森予選に限っても青森山田に四戦全敗とやられっ放しとなった。

しかし、金沢は、コーチの仲井にこんなふうに話していたという。

「青森山田の体制は一〇年もたない。とにかく一〇年、オレらは我慢してついていくぞ」

金沢が、青森山田流が長続きしないと思ったのは、選手集めを井元に任せていることだった。監督や部長が直接足を運ばず、とりわけ選手本人や保護者にも会わないというのは、金沢には考えられなかった。金沢は、ここでも正しい道を見ていた。運命は天に任せ、己が正しいと思う道を進もうとしていた。

坂本勇人との出会い

こんなエピソードがある。のちに巨人入りする坂本勇人をスカウトした時も、金沢は直接プレーを見に行き、指導者はもちろん保護者とも話をした。二〇〇三年（平成一五）、夏の甲子園大会中のことだった。

「東北福祉大の後輩から、面白い子がいるので見てもらえませんかと言われたんです。その年の甲子園では開幕日の第三試合で必由館（熊本）と対戦することになってました。それで初戦に勝てば見に行けると話していたんですが、運よく勝てたので伊丹リトルシニアへ見に行きました。見るからにやんちゃタイプで、とにかく中学を卒業したら家を出たいと。寮があるところやったらどこでもいいです、という話でした。プレーを見てみるとスケールが大きくて、『お前は絶対プロ行けるわ』という話をして光星学院へ来てくれたんです」

当時の坂本は、巨人の人気選手となった現在からは想像もつかないような強面だった。それでも野球センスは素晴らしく、光星学院でも一年の秋からレギュラーの座を奪う。

ところが、正月のオフに伊丹に帰省し、再び寮に帰ってきたら、なんと鼻にピアスをしているではないか。野球部を辞める気で来ていることは見え見えだった。

「こんな格好で僕の前に来れば、激怒されるのがわかっていて、それをきっかけに辞めてやろうという気持ちが見え見えでした。それでミーティングが終わったら、すぐに呼び出して『辞める気やろ?』と聞いたら、即座に『はい』と答えたので、『じゃあ、飛行機のチケットを手配するから、すぐに伊丹へ帰れ』と言いました。坂本は唖然としてましたが、すぐに荷物をまとめさせて三沢空港まで送り、伊丹へ帰しました」

金沢は、飛行機が飛び立つと、すぐに坂本の父親に連絡を取ってこう伝えた。

「僕は野球部を辞めさせる気はありません。お父さんから、坂本の友達に連絡をとって、その友達らから『何してんねん』、『はよ、青森へ戻れ』って言わせてください」

金沢は、入学前から坂本本人や保護者とも直接会って話をしていた。坂本の中学までの交友関係を考えれば、久しぶりに中学時代の友人たちに会い、彼らが楽しそうに見えたのだろうと推測していた。坂本の中学時代の友人には、すでに働いている者が少なくなかった。働いて金を持っているからいろいろな遊びも経験している。辛い冬のトレーニングに明け暮れていた坂本からすれば、友人たちの生活がうらやましく思えたはずだった。

「一週間くらいしたら坂本が帰ってきました。そこからですね、野球人坂本がスタートしたのは。取り組む意識が全然違いました」

二年の秋の東北大会で準優勝して、翌年春の選抜大会に出場した。三年春の東北大会（優勝）で坂本は四本のホームランをかっ飛ばすなど、手がつけられないほど打ちまくる。三年の夏には青森予選の決勝で青森山田に四対五と敗れて甲子園に出られなかったが、秋のドラフトでは巨人から高校生一位の指名を受けるほどの選手に成長した。

「監督や部長が、入学前に直接会いに行って話をしないと、入学しても、野球だけやってりゃいいんでしょ、みたいな意識になりかねませんよ。そんな気持ちの生徒が増えたら、大きな問題につながってもおかしくないでしょう」

実はＰＬ学園で、一九九〇年代の後半から不祥事が続発するようになっていた。二〇〇一年の夏には、エースが朝井秀樹（大阪近鉄、東北楽天、読売）、三番バッターに桜井広大（阪神）、四番に今江年晶（千葉ロッテ、東北楽天）とメンバーが揃っていたが、部内暴力で大阪予選にも出場できなかった。青森山田も、金沢の予言通り、二〇一一年（平成二三）一二月、野球部寮で部員が暴力行為によって亡くなるという痛ましい事件が起きてしまった。

金沢不在の光星学院

その頃、金沢は、全国制覇を狙い、本気になって選手を集めていた。

田村龍弘、北條史也（ともに大阪狭山ボーイズ）、大杉諒暢（河南リトルシニア）、城間竜兵（大阪加美ボーイズ）、天久翔斗（石垣ジャガーボーイズ）、関口隆祥（四日市ボーイズ）、木村拓弥（川崎ボーイズ）、武田聖貴（北上リトルシニア）、そして地元八戸出身の金沢湧紀（市川中学）など有名な中学生が揃っていた。特に田村と北條は、青森山田や大阪桐蔭との争奪戦に勝ったものだった。

一つ上の学年には、川上竜平（那覇国際ポニーズ）、金山洸昂、秋田教良（ともに河南リトルシニア）、岸本竜之輔（大阪箕面ボーイズ）、松本憲信（大阪摂津ボーイズ）たちがいた。

川上の世代は、二〇一一年の夏、甲子園で準優勝に輝く。決勝で日大三（西東京）に〇対一一と完敗したが、青森代表としてはあの三沢以来の決勝進出だった。そして、田村、北條、天久たちが三年生になった二〇一二年（平成二四）は、春、夏とも決勝で藤浪晋太郎（阪神）がエースの大阪桐蔭と激突。春、夏の決勝が同一カードというのは一〇〇年に及ぼうとする高校野球の歴史でも初めてのことだった。春は三対七、夏は〇対三で敗れたが、光星学院の存在感がますますアップする年となった。

ところが、金沢の人生にはとことん「辛抱」がつきまとう。甲子園で大活躍する光星学院のベンチに金沢の姿はなかった。アルプス席から、応援団とともに見守っていた。二〇一〇年四月から仲井が監督に就任し、金沢は総監督という立場になった。チームは仲井が率い、金沢は引き続きバッティングの指導だけを担当していた。

ちなみに、金沢のバッティング指導には定評があるが、その理論はキューバ仕込みである。金沢は、光星学院の監督になる前の半年間、キューバにコーチ留学していた。アトランタ五輪（一九九六年）の前年のことで、キューバ代表にはリナレス、キンデラン、パチェーコ、パレといった強打者が揃っていた。キューバでの体験も踏まえて指導の柱にしているのが、トップを深くとり、キャッチャー寄りの脚を軸にしてフルスイングするというスタイルである。田村、北條を中心として甲子園で爆発した打棒は、金沢にとって指導者としての集大成となるはずだった。

金沢は、自らが勧誘して光星学院に入学した生徒たちが卒業するまで総監督として学校には残った。また、強いチームを作り続けようとすれば、小学、中学年代の指導も大切と八戸東リトルシニアを立ち上げた。そして、春夏連続準優勝だった二〇一二年の甲子園を終えて茨城県の明秀学園日立の監督となった。

光星学院の監督を退任したのは、表向きには青森山田に六年連続夏の甲子園に出場されたこと、また二〇〇九年の夏、岩手県二戸市出身の下沖勇樹（福岡ソフトバンク）というスーパーエースがいながら、青森予選の準々決勝で姉妹校の野辺地西に敗れたことが理由となっている。だが、真相は学校のあり方にまで口を出しすぎたことという。

「あの頃、仲井に言っていたのは、地元からもっと応援されるチームにならなければ日本一にはなれない。甲子園に出たら、四万人の観衆のほぼすべてが応援してくれるようなチームじゃないと日本一にはなれないということでした」

そのためには学校自体の魅力、即ち「学校力」をもっと上げる必要があると考えていた。

「光星の野球部のユニフォームを着たいという段階だけではダメ。光星の制服を着たいと思ってもらえるような学校にならないといけないと考えていました。そのため、いろいろと意見したんですが、経営陣とやり合うという状態になっていました」

この時も、金沢には正しい道が見えていたはずだったが、それが周りの人には理解されなかった。子どもの頃から貧しく、私利私欲のない金沢は監督の地位にも未練はなかった。

ただし、金沢が学校を去ってから、光星学院はむしろ評判を落としているように感じる。地元でいろんな人に話を聞いたが、光星学院の評判は芳しくなかった。ある高校生は、

「僕は八戸の生まれで、中学生の時には光星学院で甲子園に出たいと思っていました。それで光星の野球部にいた先輩に相談したら、『光星には来るな』と言われました。理由は『人間的に成長できない』と言ってました」

と話していた。

象徴的な出来事は二〇一六年（平成二八）夏の甲子園、東邦との一戦だろう。九対五と四点をリードして迎えた九回裏、東邦の最後の攻撃で、満員の甲子園の観客がブラスバンドの演奏に合わせてタオルを振り、東邦を応援したあの試合である。

金沢は、めざすのは「四万人の観衆のほぼすべてが応援してくれるようなチーム」と言ったが、それとは正反対の現象が起きてしまった。反対に、四万人近い観衆の大多数が東邦を応援していた。

私はこの試合をネット裏で見ていたが、観客が東邦の応援を始めた原因は光星学院のプレーぶりにあると思っていた。試合途中から、ネット裏では光星学院の選手たちのチンタラした動きが話題になっていた。何をするにしてもキビキビと動かない選手が目立ち、中には一塁まで走る気がないのかと思う選手までいた。

「光星学院、どうしてしまったんや。北條、田村の時代はあんなに魅力的なチームだったのに。甲子園をナメると痛い目にあうぞ」

高校野球ファンや記者たちとそんな話をしていた。だから、東邦最後の攻撃で東邦への手拍子が起きた時も、「甲子園のファンはやっぱり野球をよく見ている」と思った。タオルによる応援がスタンド全体にまで広がったのは、最終的にはノリや便乗の部分が大きかったただろうが、そのきっかけを作ったのは光星学院のチンタラぶりだと思った。それに対して東邦は、二塁盗塁でヘッドスライディングまでした藤嶋健人（中日）を中心に、笑顔とがむしゃらさで一丸となって戦っていた。甲子園にまで足を運ぶ熱心な高校野球ファンたちが、心のどこかで東邦を応援したいと思っても不思議はなかった。

金沢は、その後、明秀学園日立の監督に就任し、二〇一八年（平成三〇）の選抜大会で甲子園に戻ってきた。また、青森山田は、部員を地元出身者中心に切り替え、二〇一七年（平成二九）の夏の甲子園に出場。新たなスタートを切った。

八戸学院光星の仲井も、東北福祉大で伊藤の薫陶を受け、金沢の側で帝王学を学んだ野球人である。近い将来、チームを立て直し、同校の歴史に輝かしい一ページを刻んでくれることを期待したい。

第7章

青森③　青森の勇将たち

――長谷川菊雄、工藤公治、原田一範

1　八戸工大一　長谷川菊雄　——聖地への思いの強さが人生を切り開く

山下繁昌のバトン

八戸工大一監督の山下繁昌が勇退したのは、二〇〇七年（平成一九）三月のことだった。青森県の高校野球界に風を起こし、その風が青森山田と光星学院を動かした。

山下からバトンを受け継いだのは、教え子の長谷川菊雄である。長谷川は、就任三年目の二〇一〇年（平成二二）、夏の甲子園へ出場を果たす。最近は三年連続してプロ注目の好投手を育て、ピッチャーの育成上手と注目されている。

実は、長谷川は兵庫県尼崎市の出身である。中学三年生まで甲子園へも自転車で行ける街で過ごした。八戸工大一といえば、「地元の子たちで甲子園」が合言葉だが、長谷川は八戸工大一の歴史でも唯一の関西出身者である。縁ができたのは、長谷川が小学五年生になる一九八七年（昭和六二）の選抜大会だった。八戸工大一が全国のベスト8に進出した大会である。

「おやじの友人が工大一の先生をしておられたことから、ちゃりんこで試合を観に行きました。観戦メモに『青森なのになかなかやる』と書いたのを覚えています。その時、須磨寺（神戸市）の宿舎へも連れて行って頂き、食事をする大広間で『高校はどうするんだ？』

と聞かれて、皆さんの前で『僕、八戸工大一に行きます』と宣言したんです」

そういう長谷川も、中学三年生になった時には進路に迷った。当時、尼崎の野球少年たちはPL学園や天理に憧れた。また、地元の市立尼崎や東洋大姫路、神港学園、育英なども人気だったが、最終的には小学生の時の宣言通りに八戸工大一を選んだ。

「でも、青森にはまったく馴染みがなかったです。八戸工大一も、周辺にはりんご畑が広がり、隣の家は一キロくらい先かなと思っていました。初めて八戸の街を見た時、『マクド(ナルド)あるやん』、『八戸ってめっちゃ都会やん』とびっくりしました。青森って一年中雪が降っているのかと思っていましたから」

一年中雪が降っていたら、いつ野球すんねんと突っ込みたくなるが、まあ、関西の中学生にとっては、はるか一〇〇〇キロも離れた青森のイメージはこんな程度かもしれない。パスポートのいらない外国のような存在だった。

甲子園への執念

長谷川は、一九九二年(平成四)四月に八戸工大一へ入学した。野球部には約五〇人の新入部員がいたが、県外出身者は一人。しかも、関西弁をしゃべるから「完全に浮いていました」という。

「寮の食堂でみんなとテレビを見ていれば、今バット振ったら差がつくなと思ってこっそり抜け出して一人でスイングしてました。朝も一人で海岸まで片道二キロほど走ってましたし、休み時間は見えないところで壁当てをしてゴロ捕球の練習をしていました。青森県まで何をしに来てんのかという話ですよ。甲子園へ出たとしても補欠では意味がない。野球部全体で一二〇人くらいいて、どうしたらレギュラーをとれるか、そのためにはどんな練習をすればよいのか、毎日必死でした」

そんな長谷川の目から見ると、八戸工大一の仲間たちは甲子園に対する執念が足りないと思った。

「僕は小さい頃から甲子園大会を観に行っているから、甲子園へ出られたら、こんなすごい球場で野球ができる、こんなに女の子にちやほやされる(笑)、高速道路の下に選手バスが停まって、球場の入り口まで花道ができる、その花道を歩いて球場に入って行けば、拍手が起きてスターになれる、『すっげぇなあ、甲子園て』と小学生ながら思っていたわけですよ。青森の子らは、まず甲子園球場が大阪にあると思ってますから。いやいや、兵庫県の西宮というところにあるんやで、と。甲子園のイメージが薄いんです。『甲子園には絶対行かなあかん』という思いと、『行けたらいいな』という程度の思いではだいぶ違うと思いました」

目標が明確なら、練習にも自ずと熱が入る。ティー打撃でも一打、一打が甲子園での打席につながり、腹筋運動も一回、一回が甲子園での活躍につながっていく。「すべての練習は甲子園に通じる」という意識があるから、三、四時間の練習なんてあっという間に過ぎた。

関西の気風

もともと商業の栄えた関西の風土には「人生は自分からどれだけ働きかけたかで決まる」という考えがしみ込んでいる。「甲子園に行きたい。だから厳しい練習をする」、「遠くても甲子園に出場しやすい高校へ進む」。関西の野球少年たちは、聖地・甲子園が身近であるからこそ、野球を通して自らの人生にも積極的に働きかけていく。長谷川もこう言う。

「うちのオカン（お母さん）でも、試合に負けたら、『帰ってくるな』とか、『メシなんか食うな、バットでも振っとけ』というタイプでした」

関西で、こんな「オカン」は決して珍しい存在ではない。泣きながら家に帰ろうものなら、「泣かされたヤツに、今すぐ仕返ししてこい」、「そいつ泣かして帰ってこないとメシ食うな」というオカンやオトンさえいる。高校野球の監督たちに聞いても、「勝負ごとに厳しい家庭で育った子は、勝負根性ありますよ」という話がよく出る。

京都木津川リトルシニア会長の吉田信彦も、関西の子は練習熱心だという。

「うちの子が中学生の時も、学校から帰ると毎日、母親が作った弁当を持って夜練習に参加していました。バスと電車を乗り継ぐので、自宅近くのバス停で乗り遅れそうになると、バスを追いかけてドアを叩いて乗せてもらったこともあったようです。帰りは私が車で迎えに行ってました。今も関西では家族ぐるみで熱心に取り組む子が少なくないです」

そういう土壌で日々の生活を送っているから、少年野球の指導者もとにかく熱い。週末は野球の指導最優先が当たり前で、平日でも夜間練習に付き合ってくれる。夏休みの平日に試合があっても、会社には「親戚が死んだ」ことにして休暇をとる。学童や中学のベテラン指導者には「もう親戚を何人殺したことか」という人が多い。

四国や九州の出身ながら、関西の大学や社会人で野球をした後、そのまま住み続ける人も少なくない。野球経験者が集まっていることも、関西に学童や中学のクラブチームが多い理由となっている。また、プロはもちろん社会人や大学で本格的な野球経験があるだけに、基本的に指導は厳しく、勝利への執念も深い。長谷川が振り返る。

「たるんでいたり、うまくできないとケツバットで気合を入れられました。エラーしたら、『何してんねん』、『下手なんやったら、お前外へ出ろよ』と怒鳴られました。青森ではエラーしても『ドンマイ、ドンマイ、次頑張ろう』って声をかけられ、最初はビックリしました」

当然ながらプレーに対する考え方も、関西と青森ではずいぶん違った。

「一塁ランナーが盗塁のスタートを切ったので打席でわざと空振りしたら、『関西人は汚い』といわれて、これもビックリしました。キャッチャーが前へ出て二塁へ送球するのを防ぐことなんて関西では少年野球でも初歩的なプレーですよ」

小学生の時、「バースがなぜ打てるか?」について教えてもらったことがあるという。ランディ・バースは、一九八〇年代に阪神タイガースの中心打者として打ちまくり、今でも阪神ファンの心に伝説の助っ人として刻まれるアメリカ人スラッガーである。阪神が日本一になった一九八五年とその翌年、二年連続で三冠王に輝いた。そんな偉大なバッターが、なぜ打てるのか。関西の野球好きのおっちゃんの答えは、

「こうやってバット構える時、キャッチャーのサイン見てるやん」

吉本新喜劇なら、ここはドテッと倒れる場面だろう。しかし、甲子園をめざす野球少年は「バースも見てんねや」と納得する。関西には高校球児になっても「あいつ、見とるやん」という選手がけっこういる。相手ベンチからも「カンニング禁止」と声が飛ぶこともあるが、強いチームではキャッチャーが構え直したり、ミットではなく膝を的に投げさせたりとバッターのカンニング対策は当たり前となっている。

「相手がグラブを構えているところに向かって滑り込めば、足にボールが当たってセーフになるかもしれん」と教えられるのもごく普通の話である。中には、実際にスパイクでグラブを蹴るように滑り込む者までいるが、府県大会で上位まで勝ち上がるチームでは、小

学生でもこうしたラフプレーへの対応をしっかり練習している。

さらに滋賀県には、チーム全体でトリックプレーを仕掛ける学童チームもある。ピッチャーが二塁や三塁へ牽制球を投げるふりをすると、内野手も外野手も、さらにはベンチの控え選手までも牽制があたかも暴投となったように演技する。帰塁したランナーが慌てて飛び出すと、今度はピッチャーが本当に送球してランナーを刺すというものである。近畿大会に出場するレベルのチームでは「引っかかるほうがアホ」とされ、常にボールから目を切らないことと、チーム内で声をかけ合うことの大切さを学んでいる。

「スポーツマンシップという点ではどうなのかと関西でも反対する人はいますが、チームによっては小学生の時から勝負とはそういうもんやと教えられます。だから、今も関西出身の選手が多いチームと試合する時は、そういうことを頭に入れてやってます」

長谷川はそう話す。

もちろん野球経験者なら先刻ご承知だろうが、そういう野球の細かな点まで意識してプレーしているということは、相手投手の投球フォームや牽制の癖、キャッチャーの配球パターン、送球やタッチプレーの甘さといった相手の細かなスキにまで目が行き届くということである。

「本気の朝礼」

その一方で、長谷川は青森の人たちは友人としては最高だという。実際、青森の人たちの純粋で温かな人柄に包まれて、長谷川も仲間の中に溶け込んでいった。粘り強さや素直さを学んで成長し、二年生の新チームでは六番を打つ三塁手として先発メンバーに食い込んだ。そして、一九九三年の秋季青森県大会でみごとに優勝する。選抜出場をめざして東北大会に挑んだが、東北高校に三対七で敗れた。よりによって、同学年の東北のエースが、後にプロ野球で「赤ゴジラ」と呼ばれて大活躍する嶋重宣(広島東洋、埼玉西武)だった。

また、青森県内でも、当時は青森山田が強化に乗り出した頃。長谷川が高校二年生の夏、青森山田が初めて甲子園に出場を果たした。光星学院も強化に乗り出した頃で、八戸工大一には苦しい時代だった。長谷川にとって最後の夏の青森予選は、準々決勝まで駒を進めたものの、伏兵の弘前工に四対六で敗れ、「絶対に甲子園へ行く」という夢は叶わなかった。

卒業後、長谷川は八戸工大に進んで野球を続けた。二年生の時には、北東北大学野球リーグのベストナインにも選ばれている。小柄だが、関西で厳しく育てられた選手らしく勝負強い打撃が持ち味だった。八戸工大一が久しぶりに夏の甲子園に出場した一九九八年(平成一〇)には、山下の要請で大学四年の先輩コーチとして甲子園にも帯同していた。

「臨時コーチとして甲子園に行ったこともあって、山下先生には正式にコーチにという話をいただきました。でも、その時はもう少し現役でプレーしたいという気持ちが強く、大学を卒業したら、社会人でプレーしたいと思っていました」

ところが、平成不況の影響もあって所属先がうまく決まらなかった。長谷川は普通に就職活動をして一般企業から内定をもらうと、もう野球は終わりにしてこれからは営業マンとして頑張ろうと自分に言い聞かせた。しかし、営業マンとして充実した日々を送っていた時、山下から再度コーチ就任の要請が来る。山下がわざわざ赴任先の福岡を訪ね、支店長に直訴したことで長谷川は断ることができなくなった。

「高校入学と同時に尼崎から青森へ行って、山下先生にはお世話になりました。また、コーチとして要請を受けた時期は青森山田や光星学院が強くなって苦しい時代でしたので、今度は自分が山下先生に恩返しをする番だと思いました」

こうして二年間のサラリーマン生活に終止符を打ち、二〇〇一年（平成一三）の春、八戸工大一のコーチに就任した。山下の元で七年間修業を積み、二〇〇八年（平成二〇）から監督となった。山下が長谷川を後継者に指名したのは、関西と青森の野球を熟知していること、そして青森の純朴な子どもたちを明るく、元気に引っ張っていけると見込んでのことだった。

長谷川は、監督就任三年目の夏に甲子園出場を果たす。青森予選の決勝は、精鋭部隊の強豪・光星学院を三対〇で倒した。その時のチームは、何より中山勇也（三菱重工神戸）と小笠原拓也のバッテリーがしっかりしていた。中山は一八四センチの長身で、ヒジを柔らかく使ってスリークォーター気味のフォームから一三〇キロ台半ばの伸びるストレートと、キレのあるスライダーを投げ込んだ。コントロールがよく、安定感もあった。キャッチャーの小笠原もクレバーな選手で中山をうまくリードしていた。また、エンドランや盗塁でゆさぶりをかけ、投球が甘くなったところを叩く。山下が確立した八戸工大一の野球の会心の勝利だった。

「機動力を特に意識していたわけではないですけど、ランナーを動かさないと強いチームには勝てません。監督になって日も浅く、怖いもの知らずというところもあってどんどん動かしていました」

そんなチームにも、メンバーがバラバラになりかけたことがあった。前年の秋季青森大会の準決勝で、新興勢力の弘前学院聖愛に〇対四と完封負けした直後である。東北大会に進めなかったことで、メンバーのモチベーションが低下。練習をしても気持ちが一つにならず、日に日に雰囲気が悪くなっていった。

そんな時、テニス部の監督から一枚のＤＶＤを渡された。居酒屋チェーン「てっぺん」で行われている「朝礼」の様子が収録されていた。

その朝礼では、店のスタッフが大声で、

「私の夢は世界一のお母さんになることです。私の思う世界一のお母さんは人を幸せにし、将来、子どもにお母さんみたいになりたいと思われることです。……その夢をかなえるために今日一日、まずは目の前にいる人を幸せにしていきます。よろしくお願いします」

と自分の夢や理想、目標などを語り、お互いにたたえ合う。参加者全員が本気で行うことで〝スーパーハイテンション〟の状態を作り出し、お客さんに最善のサービスを行うための準備になるという。また、仲間の前で本心を語ることで、自分の本当の願望や可能性に気づき、輝く人間になっていくことを目的としている。

長谷川がさっそくこの朝礼を取り入れると、不思議にもチームの雰囲気が一変した。

最近の高校生はSNSでつながっているように見えて、お互いに心まで通わせているとは限らない。SNSは短い言葉のやり取りが中心なので、なかなか本心は語れない。仮に語ったとしても重い話と敬遠される。それが、「本気の朝礼」で将来の夢や心の内を語ることで、お互いに関心を持つようになった。また、自分の本心を語るにはどう話せばいいかと考えるようになり、自分の思いや気持ちをそのまま言葉にできるようになった。この朝礼を繰り返すうち、部員の間で会話が増えていった。それまでは漠然としか感じていなかった仲間一人一人の個性が、少しずつくっきりと見えるようになったということだろう。

そもそも、絆の強さとは仲間のことを思ったり、仲間のために行動することである。そのためには仲間の今の状態をよく知ることが前提となる。朝礼がきっかけとなって、部員たちの絆が強くなっていった。絆が強くなれば、打線でも守備でもつなごうという意識が芽生える。つなごうという意識が高まれば、試合展開に粘りが生まれるようになった。

甲子園でも、初戦の英明（香川）戦では八戸工大一らしくセーフティバントと二盗でゆさぶり、相手バッテリーのミスをついて先制する。四対四と同点の八回裏には、一死満塁から右中間三塁打で突き放し、二三年ぶりに校歌を聴いた。八戸工大一にとっては、小学五年生の長谷川がちゃりんこに乗って甲子園球場まで応援にかけつけて以来の勝利だった。

「SASUKE」風トレーニング

もう一つ、長谷川が最近脚光を浴びているのがピッチャーの育成法である。二〇一五年（平成二七）の内沢航大（法政大）、二〇一六年の種市篤暉（千葉ロッテ）、二〇一七年の古屋敷匠眞（法政大）と三年連続で一四〇キロ台半ばのストレートを投げる投手を育て上げた。中でも種市と内沢は入学時には一三〇キロ出るかどうかの投手だったという。

三人の性格はバラバラらしいが、いずれもヒジの使い方や肩甲骨、股関節の抜群の柔らかさは共通していたという。長谷川のようにピッチャーを育てようとすれば、まずは中学時代の球速よりヒジや肩甲骨、股関節の柔らかさを重視せよということだろう。

三人の投手とも「一五〇キロのストレート」を目標に、まず取り組んだのはカラダ作りだった。週末には仕出し屋に格安でご飯を用意してもらって、どんぶりで三、四杯を食べさせた。また、中学卒業時に身長が一九三センチもありながら、体重が六八キロとガリガリだった内沢は、「食べられる物は何を食べてもいい」とスナック菓子も炭酸飲料もOKとした。その結果、三年生になった頃には、伸びた身長が二センチに対して、体重は二二キロも増えて九〇キロに達した。

こうしてカラダを大きくしながら、それをパワーに換える〝動けるカラダ作り〟も並行して行った。といっても、ウエートトレーニングはしていないという。

「僕らが現役の時は、ウエートトレーニングをガンガンしていました。一〇〇キロ、一二〇キロを上げるヤツもいたんですが、ピッチャーが軒並み肩を壊したんです。また、つけすぎた筋肉が邪魔になって腕が振れませんでした。山下先生もウエートトレーニングは失敗だったと後悔されているので、今は自重でのトレーニングに限っています」

ウエートトレーニング代わりに取り入れたのが、「SASUKE」と呼ぶ独自のトレーニングである。

「テレビ番組の『SASUKE』風のトレーニングです。学校から走って海岸へ行くと、急斜面があってコンクリートの石段や塀があります。それらを利用できないかなと思って作ったトレーニングです。①土手の急斜面や②石段を走ったり、③階段の側桁《かわげた》を走り下りたり、④相棒をお姫様抱っこしてダッシュしたり、⑤コンクリートの塀を登ったり、⑥手押し車をしたりします。器具を使うトレーニングより、全身を使う運動の中でスピード系やバランス系を養うトレーニングが大切ではないかと思っています」

その他にも、⑦バーベルを担いでランジ、⑧バーベルを担いでサイドランジ、⑨大の字ジャンプ、⑩タイヤ押し、⑪股関節の開脚ストレッチ、⑫ボールを真下に叩き付け、ボールが後方に跳ね返るようにするものと、⑬ボールを真上に投げ上げる、⑭肩甲骨のトレーニングを二種類、などである。

こうしたトレーニングを続けた結果、入学時に一三〇キロ出なかった内沢が、二年生の春季大会で一四〇キロをマークする。一年間のトレーニングで球速を一〇キロ以上も伸ばし、青森山田に対して五安打一失点で完投勝ちをした。また、二年生の秋季大会後から毎日一〇〇球程度の投げ込みを続け、三年生の夏には一四三キロを計測する。球もちのよい柔らかなフォームからキレのよいストレートを投げ込み、将来性を高く評価されるピッチャーに成長した。法政大へ進んでも一年生の春から登板し、着実に経験を重ねている。

種市も、二年生の秋には一四五キロをマークして、入学時より一五キロ以上の球速アップに成功した。さらに、二年生の冬にカラダ作りに専念した結果、三年生の六月に一四八キロをマークする。思い切りのよい腕の振りから、伸びのあるストレートと縦、横二種類のスライダー、落差の大きなフォークを投げ、三年生の夏の青森予選では二試合で一四回を投げて一九個の三振を奪った。登板しなかった準々決勝で大湊に三対四と競り負けて甲子園には出られなかったが、東北ナンバーワン投手として、秋のドラフトで千葉ロッテから六位指名を受けた。

古屋敷は、入学当初から一四〇キロ近いストレートを投げており、一四〇キロを超えたのも早い時期だった。カラダ作りとトレーニングの成果で球質も徐々に良くなり、二年生春の東北大会で一四六キロをマーク。光南（福島）から六者連続を含む一四の三振を奪って注目された。さらに、三年生の春には一五二キロをマーク。三年生夏の青森予選は準決勝で青森山田に五点を取られて屈したが、三振の取れる本格右腕として将来性が高く期待されている。

もっとも、好投手を育成しながら、甲子園には二〇一〇年以来遠ざかっている。光星、山田、聖愛と私学四強には数えられるが、最近の夏の予選はベスト8が壁となっている。

「長所で勝ってやろうと思っているんですが、結局、短所で負けてしまうことの繰り返しです。マークがきつくなって厳しいというのもあるんですけど、その中でもいかに勝ち切るかが本当の勝負なので、チームの特徴をしっかり考えてチームを作っていきたいと思います」

リーダーには、うまくいった時を基準にして次の戦略を考える人と、うまくいかなかった時を基準にして考える人の二通りいる。一般には前者が多いが、失敗を繰り返さないリーダーは負けた時のことを基準に考え、それでも大丈夫なように準備のできるタイプである。

八戸工大一には、再び、新時代を迎えた青森の高校野球界の起爆剤となってもらいたい。

2　大湊　工藤公治（現在は青森北）――打倒私学に抽象なし、具象・具体あるのみ

「下北から甲子園」

下北半島は、青森県の北東部にあって本州最北端の半島である。地形が「マサカリ」に似ていることから、「マサカリ半島」とも呼ばれている。その半島の中心都市であるむつ市に大湊という県立高校がある。

日大を卒業した富岡哲《さとし》が、母校の大湊に赴任したのは一九七八年（昭和五三）。「下北の子どもたちを甲子園に連れて行くのが夢」が口癖だった。森林が海岸線に迫り、冬には雪に閉ざされる下北半島の子どもたちにとって、甲子園出場は夢のまた夢だったが、富岡の着任以来、「下北から甲子園」が合言葉になった。

「あいさつや態度が適当で甲子園に出たら、甲子園に失礼だ」

富岡は、礼儀や態度も厳しくしつけた。常に熱血指導で生徒たちを引っ張り、田舎育ちで気後れしがちな子どもたちに、アグレッシブな気持ちと勇気を持つことの大切さを説いた。そして、強い者こそ倒したいという「下北魂」を鼓舞し続けた。明治維新後、戊辰戦争で賊軍とされた会津藩士たちが下北半島へ移封を命ぜられ、新たに斗南《となみ》藩を開いた。下北の人々には、官軍に最後まで抵抗し続けた会津藩士の魂が受け継がれている。常に礼儀正しく、元気のよい選手たちは市民からも愛され、熱く応援されるチームになった。

大湊が、初めて県大会を制したのは一九八九年（平成元）の秋、富岡が着任してから一二年目のことである。「青森一位」として東北大会に出場したが、盛岡工（岩手二位）に二対三と惜敗した。

そのチームで捕手を務めたのが、後に富岡の後継者となる工藤公治である。当時の部員たちは、富岡から野球と向き合う熱い気持ちを注入され、どんな練習にも全力で取り組んだ。至近距離ノックや二〇〇本ノックで、富岡が繰り出す打球に向かっていくことで野球をカラダで覚えていった。

「大湊時代の富岡先生は、とても熱い人で、指導者として僕ら部員を動かす力はものすごかったです。先生からは、他人を動かすには、何よりこちらの気持ちが大切ということを学ばせてもらい、それは今も私の指針になっています」

工藤は大湊を卒業後、青森大学へ進む。ちょうど青森大学が野球部の強化に乗り出し、監督として石橋智（現黒沢尻工監督）を迎えた頃だった。石橋はジャンボ川邉（忠義）を擁する秋田工を率い、二五歳の青年監督として甲子園に出場した経験があった。工藤は石橋から野球の基礎を丁寧に教えてもらった。

ゴロ捕りでも、「ボールを下から見る」とか、「グラブを下から使う」、「グラブのポケットをボールに見せてあげるように出す」、「ボールを摑むと、いったんお腹に入れ、最後は耳から投げる」という指導だった。高校時代、がむしゃらな気持ちでボールに向かい、カラダで覚えていった工藤には、とても新鮮だった。

「ボールに対してグラブだけじゃなく、自分の目でも捕る感覚で」と教えてもらって実践したら、姿勢が低くなってミスが少なくなった。工藤は、改めて基本の大切さを学んだ。

さらに、青森大学では、関西や関東から入学していた部員たちにも驚かされた。

「私も高校二年の秋には青森県で優勝していましたので、それなりの自信を持って大学へ行きました。だけど、関西や関東から来ている子たちを見ると、いやあ、私の考え方はレベル低いなあと痛感しました。意識も、技術も、態度も、考え方も、勝負根性も、何もかも敵わなかったです。一番驚いたのは、打っても、守っても一球に対する食らいつきのすごさですね。ボールに対する執念というものがまるっきり違っていました。人を蹴落としてでも自分が成り上がってやるんだという気持ちもすごかった。実は青森出身の同級生が三〇人近く野球部に入ったんですが、最後まで残ったのは青森山田の部長をしている三浦知克と私を含めて数人だけでした」

工藤が大学三年（一九九三年）と四年（一九九四年）の時、青森大学は全日本大学野球選手権に出場する。初出場だった一九九三年にはベスト8に残った。工藤は、いずれも控え捕手としてベンチ入りしていた。

大学卒業後、青森県で社会科の教師となり、二〇〇五年（平成一七）四月に母校の大湊高校へ異動した。工藤が三二歳の時だった。「母校のユニフォームを着て、なんとか恩師を男にしたい」と意気込んでいたが、あれほど熱血漢だった監督が、グラウンドに出てもほとんど声を出さなくなっていた。自らノックを打とうともせず、黙ってグラウンドを見ている。それでも春季大会は富岡が指揮を執り、準決勝まで勝ち進んだ。「さあ、夏に向けて頑張ろう」と誓った矢先、富岡が病に倒れる。そして、夏の青森予選を間近に控えた六月三〇日、富岡はガンのために亡くなった。享年は四九。あれほど恋焦がれた甲子園の土も踏まず、あまりにも早すぎる、野球に捧げた人生のゲームセットだった。

工藤にとってはよもやの事態だったが、「下北から甲子園」という富岡の遺志は、工藤が引き継ぐことになった。

三つの考え方

大湊高校の野球部には、部員が一学年に一五人前後集まるという。一、二年生の新チームになっても紅白戦を組める人数が揃うのは、富岡が二七年間奮闘してきたお陰だった。また、部員は全員がクラブ活動の軟式野球経験者である。下北半島に硬式野球のクラブは一つもない。

工藤に、新入生一五人のうち入学直後でも練習試合に連れて行ける人数はと尋ねると、

「五人くらいですかね」

と答えてから、すぐ、

「あくまで大湊のレベルで見れば、ですが」

と笑った。どこの地方にもある普通の公立高校なのである。

工藤の率いる新生・大湊は、翌二〇〇六年の春季大会で準決勝へ進出する。さらに二〇〇七年の春と秋には県大会の準々決勝まで進出した。もちろん富岡の遺産も大きかったが、それに加えて、工藤が青森大学で学んだ野球の基礎を丁寧に繰り返したことも大きな力になっていた。

工藤が大湊に異動する少し前、当時の近鉄バファローズにトミー・ラソーダが来日して指

導したことがある。トミー・ラソーダは、ロサンゼルス・ドジャースの監督を二一年間も務め、地区優勝八回、ワールドシリーズ制覇二回の実績を残した名将である。メディアから他球団で監督を務める可能性を問われた時には、「私のカラダにはドジャーブルーの血が流れている」という名言を吐き、監督時代の背番号「2」がドジャースの永久欠番となっている。

それほど偉大な指導者が来てくれるというので、近鉄の選手たちはワクワクして待ち構えた。どんな最先端の技術や戦術を教えてもらえるのか。そう期待したのだが、ラソーダが指示したのは基本を丁寧に繰り返すことだった。「やはり基本の繰り返しが大事なのか」と問われたラソーダは、こう答えた。

「野球が上達するのに必要なことは、基本を繰り返すことだろう。短期間で上達する方法が他にあれば、私のほうが教えてほしい」

工藤も、大湊での指導は「野球の王道」を歩んだ。「基本の繰り返し」でチームの土台を築き、実戦練習で応用力を伸ばした。こうしてベスト8以上に進出するチームに育った。しかし、準決勝や準々決勝まで勝ち上がっても、青森山田と対戦すると〇対一一（五回コールド）、一対八（八回コールド）と完敗だった。公立相手には勝てても、強豪私学の前では手も足も出なかった。

工藤が監督になって四年目の二〇〇八年から、ユニフォームの右袖に「下北から甲子園」

という文字を入れた。その年の三月で、富岡の指導を直接受けた学年がすべて卒業し、それからは富岡を知らない世代が入学してくる。富岡の甲子園に懸けた気持ちを受け継ぐためだった。六月三〇日の富岡の命日には、チーム全員でお墓参りをして必勝を誓った。球場の応援席には富岡の遺影を持ち込み、見守ってもらっていた。

青森山田と初めて九回まで戦えたのは、大湊の監督になってから四年目の秋のこと。九回まで戦い抜いて二対七で試合が終わると、選手たちの顔に「やればできる」という思いが初めて宿ったという。その顔を見ると、工藤もふと冷静になれた。

「それまでは山田さん、光星さんに勝ちたい、勝ちたいでやってきましたけど、あの時、大湊に足りないものは何かと考えられるようになりました。もちろん沢山あるんですけど、一つに、打席で何をすればいいのかわからないから弱気になるのではないかと思ったのです。それで打席での三つの考え方を徹底しました」

一つ目は、追い込まれる前に甘い球を仕留める。

二つ目は、追い込まれたらボール球に手を出さずに粘り、3ボール2ストライクにする。

「0－2や1－2と追い込まれると、青森山田の投手はまともなボールを投げてきません。追い込まれた後、ストライクからボールになるような変化球を振りにいくようでは使えないよと伝えて、なんとか粘って3－2にしてみなと言いました」

三つ目は、カウント3－2になれば、ストライクが来る確率が高くなるから、それを仕留める。

「打席では考えてやれ」

そう指示する指導者は多いだろう。では、指導者は、選手一人一人が一球、一球、何を考えていたか、その中身まで把握しているだろうか。ヤクルトや阪神の選手でも、野村克也監督の講義を聞いて初めて何をどう考えればいいのかわかったという者は少なくなかった。ましてや下北半島の高校生では、漠然としかイメージできていなかった。

「そこで最低限何をすればいいのか、具体的に示したのです。そして、練習試合はもちろん、シート打撃や近距離打撃、フリーバッティングでも、繰り返して徹底しました」

大湊の選手たちが青森山田と対戦した時の様子を見ていれば、一歩踏み込んだ指導が必要だと考えた。練習が、より実戦に近くなった。より具体的になったということである。強い組織に勝とうと思えば、確実にできることを少しずつ増やしていくしかない。

秋から冬、そして翌年の春と「三つの考え方」にこだわった選手たちは、期待以上に打席で考えられるようになっていた。一球、一球に対する意識が濃密になったことで、その打席での役割や狙い球、監督の采配の意図まで意識できるようになった。工藤は、とにかくやってみることの大切さを改めて噛みしめた。

「夏の青森大会を迎えた時、チームに関しては、技術指導も、人間的な指導もやるべきことをやり、徹底的に鍛えてきたという思いはありました。あとは天命を待とうと。そういう気持ちで大会に入っていけました」

具象・具体あるのみ

二〇〇九年夏の青森予選。大湊は、クジ運に恵まれたこともあって順調に勝ち上がった。準々決勝で大波乱が起きる。プロ注目のエース下沖勇樹（福岡ソフトバンク）を擁した光星学院が、野辺地西に敗れたのである。それに対して、六年連続の甲子園をめざす青森山田は、準々決勝で八戸工大一を一〇対〇の八回コールド、準決勝でも三沢を七対一と圧倒して勝ち上がった。大湊も準決勝で野辺地西を一〇対一の七回コールドで下し、夏の青森予選では初めて決勝戦に駒を進めた。

青森山田との決勝戦は、大湊が先制した。二回表にエースで六番の和田健志が、高めに抜けた変化球を叩いて左中間スタンドへアーチをかけた。だが、五回裏にスクイズで同点に追いつかれ、六回裏には連打で三点を失う。一対四で最後の攻撃となった九回表、大湊は連続ヒットと四球で無死満塁とし、タイムリーヒットで一点を返した。さらに、一ゴロの併殺崩れの間に三塁走者を返して一点差と迫った。なおも二死一、三塁と一打同点のチャンスが続く。ここで打席に入ったのが、先制本塁打を含めて二安打を放っていた六番の和田だった。甘く入ったストレートを叩くと、打球は一直線に飛んでいった。超満員の三塁側応援席から大歓声が上がりかけた次の瞬間、白球はショートのグラブに吸い込まれた。歓声は一瞬でため息に変わり、大湊の夢は砕け散った。

大　湊　010 000 002＝3
青森山田　000 013 00×＝4

「あの打球が、なぜショートライナーとなったのか。あの打球が抜けていれば……」

野球でタラ、レバは禁句とされている。だが、工藤は、「なぜショートライナーになったのか」という問題を突き詰めなければ、「下北から甲子園」の夢はいつまでたっても実現しないのではないかと思った。

「あの打球が、少しでも左右にずれていたら」——

突き詰めてたどりついたのが、

「状況による、打球の打ち分けが必要」

という答えだった。

「たとえば、無死一塁ではダブルプレーが一番嫌です。ダブルプレーを避けるため、広がった一、二塁間や三遊間に打つ練習を繰り返しました。その場合、内野手を二塁ベースとは逆に動かしてのダブルプレーは仕方ないという約束にしました」

思い起こせば、甲子園に一番近づいた青森山田との決勝戦でも、二死一、三塁でショートは二塁ベース寄りに守っていた。もし打球が三遊間に飛んでいれば、どうなっていたか。状況に応じた打ち分けの練習を徹底的に行うことで試合展開は変わるはずだと考えた。

「満塁で内野ゴロはダメ。満塁になったら外野へ飛ばすという練習もしました。外野フライになっても、三塁ランナーがタッチアップできれば点が入る。そういう場面では、たとえ内野フライでもOKとしました。そうしないと外野フライにトライできませんから」

「薩摩に抽象なし、具象・具体あるのみ」

という言葉が残っている。まさに幕末の西郷隆盛がそうだったという。相手の戦力と状況、さらには自軍の戦力まで正確に把握し、極めて具体的に戦略を練った。兵士が戦い方を具体的にイメージできたから、戊辰戦争でも強かったとされる。事情は野球も同じだろう。戦い方が具体的にイメージできれば、練習の中身が具体的になる。練習の中身が具体的になれば、選手も努力しやすい。努力しやすければ、成果もあがりやすい。打席で狙いが具体的になれば、それだけ「有効打」が増える。

大湊は、二〇一二年、夏の青森予選の準決勝で光星学院と対戦した。北條、田村、天久、城間といったスター選手が揃い、春と夏の甲子園で準優勝するチームである。しかも、前年の秋季県大会決勝では三対二一と屈辱の大敗だったが、一〇ヵ月後に対戦した時にはスコアを一対五まで縮めていた。

「体・心・技」

工藤は、その後、ピッチャーについての考え方も一変させた。

「仙台育英の佐々木（順一朗元監督）さんから、『良いピッチャーを育てたら、私学は本気で叩きにいくよ。むしろ打てそうで打てないピッチャーを作ったらどうだ』とアドバイスされました。それまで強豪私学に勝つには、本格派投手を作って抑えなければと思っていたのですが、そうじゃなかったのか、と。それがヒントになりました」

二〇一六年の夏、投手を四人用意した。右サイドの高塚耕大を中心に、一四〇キロ以上のストレートをもつ小谷真勇《まお》、投球の九割が変化球の黒田颯《そう》、そして、二年生の和田康志である。

さらに、工藤は、「心・技・体」を「体・心・技」と言い換える意識改革も行った。これまでの戦いを見て、体力が足りないと感じていたからである。

「ウエートトレーニングには取り組んでいたんです。各パーツを鍛えると、確かに筋肉がついて打球の飛距離も伸びたし、球速も上がりました。でも、その裏で終盤に逆転負けという試合が目立ちました。トレーニングで走る時間が少なくなっているなあと思いました。それで『体・心・技』と『体』を一番先に置く意識改革をしました」

一試合でいえば九回まで戦い抜ける体力であり、大会でいえば、準決勝、決勝まで戦い抜ける体力である。特に公立校の場合、全国的な傾向としても、夏の大会の準々決勝や準決勝でスタミナ切れするケースが目立つ。

その冬、大湊の選手たちは長靴をはいて雪の中を走り回った。毎日一時間、日によっては二時間も走り回った。さらに北国に遅い春が来ても、通常練習に加えて体力強化は続けた。春季大会は準々決勝で八戸工大一に一対六で敗れたが、夏の大会まで万全の準備を行った。

ところが、夏の青森予選は、大湊にとっては残酷な組み合わせとなった。四回戦まで勝ち上がったとしても、そこからセンバツ出場校の青森山田（四回戦）、八戸工大一（準々決勝）、弘前学院聖愛（準決勝）、そして八戸学院光星（決勝）と、私学四強と四試合連続して対戦しなければならなかった。

六月三〇日、いつものように富岡のお墓参りをして出陣式を行った。しかし、よりによって開幕三日前に大きなアクシデントに見舞われる。エース格の高塚が練習中にダイビングキャッチを試みて、グラブをはめる左手の小指を強打したのだ。慌てて病院で診察してもらうと、なんと骨折していた。最悪の診断結果だった。工藤は、

「正直なところ、もう終わったと思いました」

と振り返った。

それでも医者の許可を得てギブスをしないで学校へ戻らせると、工藤はインターネットで骨折を早く治す方法を調べた。すると、「I型コラーゲンとグルコサミンを一緒に摂取すれば、治りが三倍速くなる」と出ていた。

「全治一ヵ月と診断されたから、一〇日で治るのかな。そうすれば、大会後半には間に合う」

I型コラーゲンは、インターネットでしか販売されていなかったが、工藤は急いで取り寄せ、高塚に飲ませた。大会が始まっても、高塚は捕手からの返球を受けるだけでも小指が痛み、バットも強く握れなかった。それでもチームの雰囲気は明るかった。緊急事態にも前向きに対処できたことで、チーム全体が、

「大きなことを成し遂げる時には、こういうドラマ性も必要だ」

とポジティブに考えられるようになっていた。

初戦となった二回戦の東奥学園戦（七対二）は、一四〇キロ右腕の小谷が九回の2アウトまで投げ、最後の一人だけ高塚が試し投げをした。

三回戦の青森北（七対三）戦は、骨折からちょうど一〇日目の高塚が先発。四回を投げて二点を取られたが、六回に同点に追いつき、八回に四点を奪って突き放した。五回以降は、投球の九割が変化球という黒田と小谷で乗り切った。

四回戦は予想通り青森山田との対戦となった。二点をリードされた八回表に、二死満塁から連続の押し出し四球で同点に追いつき、九回に野崎敬秀のレフト前タイムリーで逆転した。八、九回を小谷が無安打に抑えて三対二で振り切る。工藤の監督就任以来、青森山田に勝ったのは八試合目にして初めてのことだった。

準々決勝では、長谷川の率いる八戸工大一と対戦。プロ注目の古屋敷匠眞に対して高塚が先発したが、四回途中までに三点を奪われた。それでも体力強化の成果が表れ、八回に古屋敷を攻略してひっくり返し、四対三で勝った。

準決勝は弘前学院聖愛を相手に、黒田が先発して二回途中で二点を失う。二回一死から登板した高塚が、吠えながら投げると、やはり終盤の七回に五安打で四点を奪い、試合を決めた（八対四）。

準決勝までの五試合であげた二九得点のうち、実に一九得点を七回以降に奪っていた。

そして、三回戦からは四試合連続の逆転勝ち。「体・心・技」として体力を強化した成果がくっきりと表れていた。最後まで戦う「体」があったからこそ、最後まで諦めない「心」を持ち続け、練習で鍛えた「技」を発揮することができた。

また、五試合で放った安打は、計五四安打。本塁打はゼロ、三塁打が二、二塁打が四と長打は少ないが、工藤の狙い通りに鋭い打球を飛ばしていた。一試合平均四犠打と、効果的な送りバントと犠牲フライを絡めたのも得点力がアップした要因だった。さらに、四人の投手をうまく使って常に目先を変えたのも私学の強力打線に効果的だった。

ただし、「大湊旋風」を巻き起こして決勝に進出したが、八戸学院光星には○対一一と完敗、念願の甲子園には届かなかった。しかし、工藤の取り組みは、公立校を率いて打倒強豪私学をめざす指導者に大いなるヒントを与えている。

①基本の徹底
②大会を決勝戦まで戦い抜ける体力の養成
③礼儀や態度、学校生活を充実させる
④タイプの違う複数の投手を揃える

そのうえで、自分のチームを正確に分析し、勝負のポイントになる課題に対しては具象・具体で取り組み、できることを一つずつ増やしていくというものである。

工藤は、翌二〇一七年（平成二九）四月、大湊から青森北へ異動した。恩師である富岡の「下北から甲子園」という遺志は、同級生でエースだった飛内尚人に託すことになった。そして、改めて青森北の監督として強豪私学を倒して甲子園出場をめざす。

チーム作りは「一」からとなったが、工藤の頭には甲子園への道筋が極めて具体的にイメージできているはずである。

3　弘前学院聖愛　原田一範　――逆境をチャンスに変える突進力

ビリチームからのスタート

女学校として長い歴史を誇った弘前学院聖愛が、男女共学になったのは二〇〇〇年（平成一二）四月のことである。翌二〇〇一年に野球部も創設され、初代監督として招かれたのが当時二三歳の原田一範だった。

といっても、原田には選手としても、指導者としても実績はなかった。失礼ながら、学校としても野球部に力を入れるつもりはなかったのかなと思う。

「力を入れるつもりはないですよ。硬式野球部ができるというので、監督をしたいという売り込みもあったそうです。学校が力を入れようと思っていたら、私には頼みませんよ」

原田自身も、そう言って笑った。

実績もなければ、人脈もなし。創部時に集まった一〇人の部員には、キャッチボールすらしたことのない男子生徒もいた。

「初めて硬式ボールでキャッチボールをしたら手が痛い。『部室行ってきます』と言うのでどうするんだろうと思ったら、手の平にポケットティッシュを挟んで帰ってきました。バットを思い切り振ったら、手の皮がズルッとむけて『家へ帰ります』と言った子もいましたし、夏の朝九時からの練習で、集合する前に熱中症になって側溝に転げ落ちた子もいました。野球どころか、外でもほとんど遊んだことのない生徒たちだったんです。結局、一〇人の部員のうち、一番うまかったのは唯一の女の子でした」

それでも、原田の掲げた目標だけはでかかった。すでに全国レベルの強豪校となっていた光星学院や青森山田を倒して甲子園に行く。しかも、原田は目を輝かせてそれを公言するものだから、周りの人たちからは冷ややかに見られていたという。

しかし、どれだけバカにされても目標に向かって突き進めるところが、原田が監督として招かれた最大の理由だった。

原田率いる弘前学院聖愛は、創部五年目には夏の青森予選でベスト4に進出、一二年目には決勝まで進む。そして、翌一三年目（二〇一三年）の夏には準々決勝で光星を二対一、準決勝で青森山田を四対二と倒すと、なんと甲子園に出場してしまう。

ゼロからスタートした「ビリチーム」が、一三年目に成し遂げた快挙だった。しかも選手たち全員が津軽地方出身で、地元では「りんごっ子」と呼ばれて熱狂的に盛り上がった。八戸工大一が切り開き、関西出身の監督や選手たちがリードしてきた青森の高校野球界にとっても、「りんごっ子」たちの快挙は新時代の幕開けを告げる画期的な出来事であった。

「当たり前のことができれば勝ち進める」

原田は、一九七七年（昭和五二）、青森県金木町《かなぎ》の生まれである。小学生の頃は父親が監督だったチームのエースでキャプテン、県大会でも準優勝したが、中学生になると伸び悩んだ。一学年に一〇人ちょっとという野球部で、レギュラーにもなれなかったという。しかも、「ライトの控え」というさえない現実に、高校生になっても甲子園出場はとても無理だろうから、自宅近くの高校へ進学すればいいと思っていたが、父親の勧めで弘前工に進んだ。

弘前工の当時の監督、横浜寿雄《ひさお》は、一九八〇年代に春夏合わせて四度甲子園に出場している。岩手橘高校（現江南義塾盛岡）から日大に進み、日大では八戸工大一の監督、山下の先輩にあたる。山下ともずっと交流してきた指導者の一人で、青森県内では人間教育にも熱心な監督として知られていた。それゆえ、弘前工は地元の人気校だった。原田が入学した頃は一学年に約三〇人の部員が在籍していた。その中で、二年生の夏に初めてベンチ入りする。横浜監督から与えられた役割は「バットボーイ&元気ボーイ」。つまり、バット引きをしながらベンチを盛り上げるのが仕事だった。

高校三年生の最後の夏は三塁手として出場したが、初戦で青森北に〇対二と敗れた。原田は、ランナー二、三塁で受けた牽制球をそのまま二塁へ転送した際、送球が二塁ランナーに当たり、三塁ランナーの生還を許すというミスをしている。

高校卒業後、原田は専門学校を経て弘前市の社会福祉協議会に就職した。「野球部の監督に」という話をもらったのは、働き始めて三年が経った頃だった。実は原田自身も当初、監督になる気はなかったという。

「その頃、職場の人にもよくしてもらって楽しい毎日を過ごしていました。父親の作った硬式野球のクラブチームでは、全日本クラブ野球選手権で西武ドームに行ったこともありました。仕事と野球と、毎日が充実していたんです。それに監督の条件が保険なしの年俸二〇〇万円で、周りの人たちに相談しても『えっ！』と驚かれるほどでした」

背中を押したのは、やはりクラブチームを立ち上げるほど野球好きの父親だった。

「高校野球の監督は、誰にでもできるものじゃない。普通はチャンスも与えてもらえない。

ぜひやってほしい」

原田も、実は単なる元気ボーイではなかった。監督としての実績はなかったが、母校の弘前工で外部コーチの経験があった。新人教育を担当して一人前に育てることが役割だった。原田が指導した選手たちが主力になると、弘前工は夏の青森予選で三年連続ベスト4に進出し、秋の県大会では二年連続で決勝まで進むチームになった。青森山田や光星学院にはかなわなくても、原田は県内で戦えるチームを作るノウハウは持っていた。

「私は大学に行ってないので、高校で横浜監督に教えてもらったことしかわかりません。横浜監督に習ったことをそのまま教えていました」

横浜のモットーは単純明快だった。

「当たり前のことができれば勝ち進める。できなければ負ける」

これは全国的な傾向だろうが、中堅クラスの公立高校でもキャッチボールをまともにできない新入生は意外に多い。ましてや、打撃や守備、走塁に至っては基本を身につけている生徒のほうが珍しい。即戦力の中学生など、たいてい甲子園常連校に勧誘されるからだ。

原田は恩師にならい、新入生たちに野球の基本をじっくり教えた。

「ボールの握り方から投げ方、捕り方まで基礎を教えます。基本となるフォーシームの握り方を知らない子が多いです。また、投げる時、利き手のヒジがしっかり上がらない子も多いので、まず、腕振りの体操をしてヒジが上がるようにしてから投げ方を教えていました」

また、打撃については、

「バッティングでは、まず軸足の股関節にしわを寄せてからステップし、腰を回して左足の股関節にしわを寄せていく。体重移動をしっかりすることを教えていました。軽いバットを振らせて、毎日、毎日徹底して基礎練習を繰り返しました」

新入部員に野球の基本を教えようと思ったら、
①走攻守の基本について選手にわかりやすく説明できる
②変な癖がついていれば、その選手の状況に応じて無理なく修正ができる
最低限、この二つの能力が必要になる。

弘前工には、一九七〇年代に男子バレーボール部を率いて全国制覇するなど黄金期を築いた春藤英徳《しゅんどうひでのり》もいた。春藤のモットーも単純明快だった。

「ミスをなくすには、できるまでとことん付き合う」

基本のできていない部員というのは、毎日、投げ方や打撃フォームが微妙に違う。注意深くチェックして修正を繰り返すという地道な作業が必要になる。さらに、選手によって習得度にも差が出る。チーム全体の基礎力を高めようと思えば、個別に、きめ細かい指導が継続的に求められる。さらに、技術に加えてカラダ作りも欠かせない。原田は、寮に泊

まり込んで生徒たちととことん付き合った。

まさか、口でちょっと説明すれば基本くらいすぐに身につくと安易に考えている指導者はいないだろうが、それで野球がうまくなれば、日本中に大谷翔平クラスがわんさか育つはずである。少なくとも一年間は基本を毎日繰り返さなければ基本さえ身につかない。三日も放っておけば、基本が崩れ、また最初からやり直しと思ったほうがよい。実情としては、基本をじっくり教え込み、せめて偏差値五〇のチームを作れる指導者が意外に少ないのかもしれない。

だからこそ、原田のように基本をしっかり指導できれば、県内でも上位に進出するチームに育っていく。チームに基礎力があって、クジ運と監督の采配が悪くなければ、夏の予選で少なくともベスト8には進出できるというのが高校野球界の常識である。そして、甲子園をめざす本当の戦いはベスト8（県によってはベスト4）から始まるといわれている。

原田は、「技」と「体」の基本を指導する裏で、高校生としての生活をしっかりさせることにも力を注いだ。

「優先順位をつけると、『寮での生活』、『学校』、『野球』の順番だと話していました。野球は、あくまで人間成長の手段であると。起床時刻を守る。ご飯は残さず食べる。整理整頓をする。人間としての基本をおろそかにする者は、野球の基本もおろそかにします。まず任せてみて、その結果を認めて、さらなる成長を信じて待つ。漠然と指導していると結果を急いで口を出しがちですが、そこを我慢して任せて認め、信じて待つ。その繰り返しで子どもたちの成長を見守ります」

「心」についての基礎力も、いかに徹底して継続的に指導できるかにかかっている。もちろん選手任せで大丈夫という学校ならよいだろうが、そうでもないのに、日頃から「校門を出れば、あとは知らない」と考えているようでは、大会本番で選手たちに裏切られても仕方がない。最近は元プロ野球選手の指導者も増えているが、人間教育に対する意識が薄い分、甲子園まで届かないケースが多いように見える。野球にまつわる「心技体」において当たり前の指導がきっちりとできれば、結果は自ずとついてくるものである。

日大の通信課程で教員免許を取得していた原田を聖愛の監督に推薦したのは、実は弘前工の横浜だった。原田は、聖愛でもこの指導法を貫いた。

明らかに認めた者勝ち

就任二年目には、弘前市内に下宿を借り上げ、生徒の生活指導も始めた。また、創部二年目から五人の特待生を迎え入れたが、新興の弱小校に中学野球の主力クラスは来てくれない。二番手投手や下位打線の子、控えだった子たちにじっくり基本を叩き込んだ。六年目に弘前聖愛リトルシニア（中学硬式野球）を立ち上げ、中高一貫の指導体制を築くと、八年目には約一六〇〇万円のローンを組んで下宿を買い上げ、自分の家族も一緒に住むようになった。生徒たちの食事は、同居の義母に引き受けてもらっている。本気で甲子園をめざす人は、やはり覚悟が違う。

もう一つ、原田がすごいのは、チームがめちゃくちゃ弱い段階から早稲田実や横浜、慶応、東海大相模、箕島、福知山成美、仙台育英、花巻東などのビッグネームに練習試合を申し込んだことである。相手の打球が速くて、すぐ横のゴロにも内野手が反応できなかったり、四球で出た相手の俊足ランナーがたった二球で三塁に達していたりして大差で負けても、原田は全国の有名監督たちに頭を下げ続けた。

その結果、創部わずか三年目には地元の実力校を撃破し、五年目に夏の青森予選でベスト4に残る。県内で存在感を示せるようになったことで、弘前市周辺から中学野球の主力クラスが来てくれるようになった。

原田がチームに手応えを感じたのは、二〇一二年（平成二四）のチームだった。しかし、この年の光星は、春と夏の甲子園でともに準優勝するほど強すぎた。それでも青森県の春季大会、夏の地方大会とも決勝で対戦し、春は三対七、夏は三対五と善戦している。特に夏の青森予選では、八回に三対三と追いつき、なおも二、三塁でスクイズを仕掛けたが、スクイズを察知した城間－田村のバッテリーに外され、チャンスをつぶした。

「後で城間に聞いたら、もしもの時は真上に外すという約束だったそうです。あの場面でも城間がスクイズを察知して真上に外したのを田村がジャンプしてキャッチしたんですよ。普通のウエストじゃないんです。彼らの野球勘は恐ろしいです」

手応えのあったチームが、自分の采配ミスで負けた。大会後、原田の気持ちは相当に荒れたという。しかも、次の年のチームは、原田が見ても実力的にもう一つだった。練習に行く気にもならず、グラウンドへも顔を出さなかった。といっても、原田は引きこもっていたわけではない。困った時にこそ「自分磨き」が必要なこともわかっていた。自己啓発のセミナーや講演会に積極的に顔を出していた。

「あるセミナーで、『人生、あきらめた者勝ちだよ』という話を聞いたんです。『えっ？』と思ってよく聞いてみると、『諦める』じゃなくて、『明らかに認めた者勝ちだよ』ということでした。たとえば、りんご農家の人は春にりんごが成熟しなくてもイライラしないでしょうと。それは春に成熟することを最初から諦めているからです。手間と時間をかければ、りんごは秋になったら成熟することを明らかに認めているからだ、という話でした」

それを聞いて、原田にはいくつもの気づきがあった。

新チームが動きだしたばかりなのに、チームに成熟を求めていたこと。新チームがスタートしたばかりなのに、りんごっ子をもう収穫直前のような目で見ていたこと。また、「光星や山田はもっと練習しているぞ」と練習の長さや量で対抗しようとしていたことなどである。しかし、そこは諦める部分だと思えるようになった。

「練習量とか、野球の技術、プレーのずるさでは大阪の子に勝てません。青森の子はめちゃめちゃ優しいし、素朴ですから。心技体でいえば『技』で勝負できないことは明らかに認めるべきだと。その代わり、自分たちの強みで勝負しようと思いました。たとえば、弘前周辺や青森県の日本海側は昔から力士が多く出ているように体格がいいんです。だったら『体』では勝負できるなと」

ちなみに、二〇一三年夏甲子園の抽選会で、大阪桐蔭監督の西谷浩一と近くになったという。西谷が、聖愛の選手たちを見て「大きいなあ。何食べたら、こんなに大きくなるんですか」と聞いた。

「カラダを大きくする方法は、西谷監督のほうが詳しいやろ。何、聞いてんねん」

と突っ込んだのは筆者で、原田監督は爆笑しておられました。が、あの夏の甲子園では、初出場監督とカリスマ監督。原田はひたすら恐縮していた。

閑話休題。

「それに礼儀や元気さという『心』の部分でも勝負ができると。たとえケンカを売られても、『ありがとう』と言える感謝の心を持とうと思いました」

「ありがとう」は魔法の言葉といわれるが、こんなエピソードもある。大阪の街でひったくりに遭った人が、逃げるひったくりに「ありがとう」と叫んだら、足をもつれさせてひっくりかえり、バッグを捨てて逃げたという。

そういえば、聖愛でも野球部の発足以来、グラウンド周辺に打球が飛び出し、人家の屋根などを何度も壊しているが、苦情を言われたことは一度もないという。謝りに行っても、むしろ「生徒さんたちは礼儀正しくて元気がよくて、私たちのほうが元気をもらっているからいいんだ」と言われてきた。「ありがとう」の魔力かもしれない。

冬の間は高齢者宅で雪かきのボランティアもしたし、福祉施設に出向いて球場まで足を運べない人の前でバットを振ったり、歌やコントで楽しませたりもした。そういう部分は、大阪からの留学生が決して体験できないことだろう。

「チームワークとは何かと考えた時に、漢字で表すと『和』と置き換えることができます。『和』には合わせるという意味もあるそうなんですよ。チームでする礼をみんなで合わせるところから始めよう。脱いだ靴からトンボまでしっかり揃えてチームワークを育もうと考えました。光星や山田に勝つために、物も心も合わせよう。りんごはりんごで勝負しようと思いました」

原田はチームに戻ると、生徒やスタッフに謝り、
「もう一度、一からチームを作っていこう」
と声をかけた。

己も味方

青森の秋季大会は、各地区大会から始まる。弘前地区の初戦で弘前工と当たったが、監督の横浜にとっては最後の大会でもあった。負けた時点で、三五年間の監督生活に終止符が打たれる。原田は、恩師に自分が作ったチームを見てもらおうと思った。

「最高の恩返しが弘前工を倒すことだとは思っているんですが、うちが勝てば横浜監督は引退ですから葛藤がありました。試合前、選手たちにも話をして『最高の恩返しをしたい』と試合に臨みました。生徒たちの間でも『今日は恩返しの試合だぞ』、『絶対勝ってやるぞ』という声が出ていました。結果的には一〇対〇の五回コールドで勝ったんですが、一〇点差の無死一塁で横浜監督が送りバントのサインを出されたんです。うちらが教わった野球だと思ったら涙が出てきて。試合はまだ終わっていないのにベンチでボロボロ泣いていました」

秋の県大会は準々決勝で光星に三対四と敗れたが、ひと冬越すとチームがまとまってきた。特に右サイドの小野憲生と左の一戸将の二枚看板が成長し、そう簡単には打たれない

という自信があった。

「小野は右サイドから浮き上がるストレートとスライダーが武器で、一戸も左で一四〇キロ近く出ていました。ピッチャーが良かったら難しい打球がいきませんから、守備も安定していました。それで夏までバッティングに力を入れました」

そして、このチームで光星、青森山田を倒して甲子園出場を決めた。

「自分の高校時代には、県外から選手が来ている光星や山田には勝つのが厳しいと思っていました。だから、光星、山田はずるいという発想だったんです。監督になってからは目標になりました。光星や山田に勝てれば、全国でも勝てるぞと。当時は敵だと思っていたんですが、今は味方だと思っています。光星や山田がうちらを強くしてくれている。甲子園に出て、そう思えるようになりました。じゃあ、敵は己かというと、己も味方ですね。弱い自分がいるから、強くなりたいと思える。今は、それが本当の無敵の精神かなと思っています」

甲子園出場が決まると、ボールに選手の名前と門下生第一号と書いて恩師の横浜に贈った。甲子園では、一回戦で玉野光南（岡山）を六対〇、二回戦で沖縄尚学を四対三と破って三回戦へ進出した。試合でも持ち味を十分に発揮すると同時に、甲子園大会中は宿舎近くの公園や砂浜を掃除したり、全員がきちっと揃った礼をするなど、礼儀正しい態度でも評判になった。そして、青森代表の甲子園での勝利数に「二」をプラスした。

一九七〇年代に全国で唯一の〇勝だった青森県は、八戸工大一が風を起こした八〇年代に三勝（まだ四六位タイで最下位）、九〇年代に五勝（三九位タイ）し、青森山田、光星が活躍を始めた二〇〇〇年代には一五勝（二五位）と勝ちを増やした。そして、青森山田や光星が全国レベルにまで成長した一〇年代（二〇一八年春まで）には、二三勝で単独五位にまで躍進している。

原田の取り組みは、全国の打倒強豪私学をめざす指導者に大いに参考になると思う。

①基礎力の徹底

②礼儀、態度、学校生活の充実

③ビッグネームと練習試合で対戦して名前負けしない

④複数の投手を揃える

そのうえで、自分たちの強みを分析し、強みを生かしたチーム作りをする。

最近、投手の酷使を防ぐため、投球制限の話が出ることがあるが、そのたびに、投手を複数揃える強豪私学に有利で、公立に不利になると反対意見が出てくる。しかし、青森では、むしろ複数投手を揃え、強力打線の目先を変えるほうが勝つチャンスは高くなるというのが常識である。すでに学童や中学野球では投球制限が取り入れられている。投手の故障防止や炎天下でのカラダの酷使を防ぐためには、高校野球でも投球制限を設ける時期に来ているのではないかと思う。

にも原田らしい。

野球教室での教育

原田は、地元で野球の普及活動にも取り組んでいる。野球少年の人口が激減しており、野球の将来を憂えるからである。「憂える」だけでなく、すでに実行しているところがいかにも原田らしい。

弘前市の小学生の数は、一〇年前の約一万人から約七六〇〇人と二割五分ほど減った。サッカーとバスケットをする小学生の数も、一〇年前と比べてちょうど二割減ったというが、野球は一〇〇〇人から三〇〇人と実に七割も落ち込んだ。

そこで二〇一七年（平成二九）一月から、冬の間、聖愛グラウンドに建つビニールハウスで小学生を対象に野球教室を開くようになった。そのすべてを野球部員が企画して土曜、日曜の午前中に開催すると、一回につき小学生が一〇人以上参加した。また、参加の条件に「野球未経験の子どもを連れてくること」を加えたため、初めてバットでボールを打つ幼稚園児や小学生も常に一回につき五人前後は来て盛り上がったという。

また、企画から取り組み、運営や安全管理を務めた選手たちにも貴重な体験となっている。たとえば、二〇一七年度に学生コーチを務めた三上翔生はこんな話をしていた。

「監督から初めて野球教室の話を聞いた時には気が進みませんでした。秋に地区大会で負けていて、大事な土、日の午前中を削っている場合じゃないと思ったんです。でも、取り組んでみると小学生にどうすれば楽しんでもらえるのか、いろんな面で工夫が必要で、春になったら部員一人一人が野球部の活動でも工夫するようになっていました」

三上たちは、野球教室の最後に参加した小学校の校歌を歌うというサプライズを用意。練習して歌うと、小学生に大ウケだった。

「自分は中学時代、人前で話をするようなタイプじゃなかったです。聖愛に来て人前で話す機会をたくさんいただいて、会話力もあがったし、人前で堂々と話せるようになりました。自分の将来のことを考えると、人前で物怖じしなくなったことが聖愛に来て一番よかったことだと思います」

もともと教員志望だった市川修斗は、原田から「子どものことだけでなく、保護者のことも考えてみろ」と課題を出されていた。

「保護者がカメラやビデオを構えていたんですけど、子どもたちが走る時、その保護者の位置から反対側へ走っていたんです。これだと子どもの背中しか撮影できないことに気づいたので、保護者に向かって走るように変えました」

保護者にも大好評だった。

「将来は中学校の教師になって野球を指導したいと思っています。野球教室を経験して子どもに教えるということは思った以上に大変だということを知りました。実際に教師になるまでにしっかり勉強したいと思っています」

原田によれば、この経験を通して部員の中に教員志望者が増えているという。その一人である赤石健太郎は、

「夏の大会前に、小学生が色紙にメッセージを書いて渡してくれました。やってよかったと思いました」

と話していた。他人への施しは、必ず自分に返ってくることを知ったのも大きな経験だろう。

「副キャプテンとして練習内容を決める時にも、野球教室を経験したことで大会までの期間やその時の課題、天気、グラウンド状況、みんなの疲労具合などいろんな条件を考えて練習メニューを作るようになりました」

人間的成長なくして野球の進歩はない。地元の将来を見据えながら自分磨きをする野球教室が全国に広がればいいと思う。他人への施しは、いずれ自分に返ってくる。野球教室での体験が試合や練習に生かされてくれれば、それは自分たちだけの強みになる。

これからも原田には、持ち前の突進力で青森の高校野球界の新時代を切り開いていってもらいたい。

第８章　高知県の現在・過去・未来

野球王国・高知

意外だが、戦前、高知県のチームは全国大会に一度も出場していない。戦前に春、夏を通じて一度も全国大会に出られなかったのは、高知の他に宮崎県と沖縄県の三県だけである。その頃、全国大会に駒を進めるには四国大会を勝ち抜く必要があり、愛媛の松山商や香川の高松商、徳島の徳島商といった強豪校の前に予選を突破できなかった。

戦後の復興期は、愛媛や香川に追いつき、追い越せが合言葉となった。その頃、高知の高校野球界をリードした指導者が松田昇と溝渕峯男である。松田は高知商を率いて甲子園の常連監督となり、溝渕も土佐や高知の監督として全国的な有名監督となった。戦前は「〇勝」だった全国大会の勝利数も、一九四〇～五〇年代には実に三一勝をあげ、全都道府県の中で五位へと躍進。六〇年代には二四勝（六位）をあげて、高知代表は全国の強豪チームからも一目置かれる存在となった。

その後、土佐は籠尾良雄、高知は岡本道雄が監督を引き継ぐ。そして、一九七五年（昭和五〇）に高知商に谷脇一夫監督が就任し、一九七〇～八〇年代にかけて野球王国・高知を築いていく。この時期、高知代表は春夏を通じて優勝が三度（高知、高知商、伊野商）、準優勝も二度（中村、高知商）という輝かしい戦績を残した。

1970～80年代の高知代表の甲子園での勝利数と全国での順位

	1970年代		1980年代	
	都道府県別	学校別	都道府県別	学校別
1位	大阪　46勝	箕島　24勝	大阪　66勝	ＰＬ学園　44勝
2位	兵庫　39勝	銚子商　19勝 天理　19勝 ＰＬ学園　19勝	東京　60勝	池田　27勝
3位	東京　37勝	—	愛知　35勝	帝京　19勝
4位	**高知**　33勝		神奈川　33勝	**高知商**　17勝 横浜商　17勝
5位	奈良　32勝	**高知**　13勝 **高知商**　13勝 報徳学園　13勝 東洋大姫路　13勝	**高知**　31勝	—
6位	広島　30勝	—	徳島　30勝	天理　14勝 上宮　14勝 中京　14勝 東海大甲府　14勝

二〇一八年（平成三〇）の春の甲子園大会が終わった時点でも、春、夏を通じた高知代表の勝率は、実に六割三厘（一八二勝一二〇敗）と高い数字を残している。一位・大阪の六割二分四厘（三六九勝二二三敗）、二位・神奈川の六割二分二厘（一九九勝一二二敗）に次いで全国三位である。

「一九七〇～八〇年代は、県内の中学校にも『名物監督』と呼ばれるような指導力のある先生がたくさんおられました。その先生たちがしっかりと育ててくれた能力の高い子どもたちが、高知商や学園（高知高校）に入っていたんです」

一九七〇～九〇年代にかけて高知

商を率いて全国優勝の経験もある元監督の谷脇一夫が、そう振り返った。

高知商ともなれば、当時は多くの新入生が希望に胸ふくらませて野球部に入った。多い時には一学年に一〇〇人近い新入部員がいたが、入学早々から体力強化のきついトレーニングを課すことで夏休みが終わる頃には半分くらいに減っていた。さらに、冬の厳しいトレーニングを乗り越えて二年生になる頃には二〇人以下となった。つまり、普段のトレーニングは、部員をふるいにかけるための手段でもあった。そこで生き残った体力と野球センスとガッツのある部員だけが、甲子園をめざすことができたのである。

そして、高校野球での活躍が認められれば、プロ野球はもちろん、関東や関西の大学、それに四国銀行（高知市）や電電四国（松山市）、丸善石油（松山市）、四国電力（高松市）といった地元の優良企業に就職するという道も開けていた。野球に打ち込むことで、地元の同級生もうらやむような将来を手に入れることが可能だった。

「当時、高知商の運動会を見ると、徒競走で速いのはほとんどが坊主頭の野球部だったですね。クラブ対抗リレーをしても陸上部よりも活躍していました。それだけ足が速く、運動能力の高い子が野球部に集まっていたんです。高知県内を勝ち抜いて甲子園でも勝とうと思えば、そういう運動能力の高い選手が揃わなければ難しいですよ」

谷脇は、松田監督時代の一九六一年（昭和三六）夏、二年生エースだった高橋善正（中央大

—東映、読売）とバッテリーを組んで甲子園に出場している。甲子園では大分の県立高田に五対〇と勝ったが、愛知の中京商（現中京大中京）に七対八で敗れた。卒業後、鐘淵化学で社会人野球を経験して監督も務め、三一歳の時に母校の監督として招かれた。

「粒揃いの全員野球」

谷脇が指揮を執る高知商は、監督就任四年目の一九七八年（昭和五三）夏、二年生左腕の森浩二（阪急、オリックス、ヤクルト）を擁して甲子園に出場した。超高校級はいなくても粒揃いのチームは、予想通りに手堅く勝ち上がった。決勝戦では西田真二（法政大—広島東洋）と木戸克彦（法政大—阪神）という大型バッテリーのPL学園を相手に堂々と渡り合い、九回表まで二対〇とリードする。ところが、九回裏、先頭打者がヒットで出たところで、球場全体が前日（準決勝）の大逆転劇の再来を後押しするかのように異様なムードに包まれた。さすがの森も雰囲気に呑まれてピンチを招き、二死二塁から四番西田に同点2ベース、続く五番柳川明弘（近大—本田技研）にサヨナラ安打を浴びた。

この大熱戦は、NHKの視聴率が紅白歌合戦並みの四八％をマークする。現在でも高校野球では歴代最高の視聴率である。主役の座こそ「逆転のPL」に譲ったが、高知の野球エリートの戦いぶりは「粒揃いの全員野球」と称賛された。

二年後の春には、水島新司の野球マンガにちなみ、「球道くん」と呼ばれた中西清起（リッカー—阪神）をエースとして甲子園に登場。前年の甲子園経験者がズラリと並ぶ布陣は、全国でもトップクラスと評された。下馬評通りの強さを発揮して勝ち上がると、帝京（東京）との決勝戦は中西と伊東昭光（本田技研—ヤクルト）による息詰まる投手戦となり、〇対〇のまま延長へ。一〇回裏、高知商が一死三塁のチャンスを作ると、打球は浅いレフトフライ。帝京のレフトが肩を傷めていると頭に入っていた高知商の三塁ランナーが強引に突っ込み、悲願の初優勝を飾った。この頃の高知代表は、高校野球界の中心にいた。

「優勝したチームは、レギュラー九人のうち六人が中学時代はピッチャーでした。キャッチャーは中学時代もキャッチャーで、セカンドとショートは中学時代にショート、あとの六人のピッチャーも中学各チームのエースが集まっていました」

当時の中学校では、野球の一番うまい生徒がピッチャーをして、二番目がショートというのがよくあるパターンだった。高知商のレギュラーは、まさに高知県内のドリームチームと言えた。谷脇は、そのピッチャーの中でも足が速く、運動能力が最も高い選手をエース候補として育てた。

「私は、野球でも単純に、単純に考えていたですね。野球の勝ち、負けの大部分はピッチャーで決まります。そうであれば中学時代のピッチャー経験者の中でも一番運動能力の高い者をエースにすれば勝つ確率が高くなります。ましてや、全国制覇を狙おうと思ったら、エースの運動能力が高くなければ難しいです」

準優勝投手の森も、優勝投手の中西も運動能力が抜群に高い選手だった。また、プロへ進んだ中山裕章（横浜大洋、中日）や岡幸俊（ヤクルト）も運動能力が抜群に高かったという。

「高知商からピッチャーがプロにたくさん行ったから、『どうやって育てたんですか』とよく聞かれましたが、私が育てたわけじゃないんです。足が速くて、運動能力が高い子をエースにしただけなんです。運動能力が高ければ、バント守備でも自分でできますよ。キャッチャーは『一塁』と指示しているのに、ピッチャーが二塁や三塁へ投げて何度もアウトにしていました。だから、育てたんじゃなくて、つぶさなんだ（つぶさなかった）だけだと言ってるんですけどね」

この頃は、高知商以外にも、準優勝した中村高校や桑田・清原のPL学園を準決勝で倒して優勝した伊野商のように、ポッと出の公立高校が甲子園で大活躍した。また、山沖之彦（専修大―阪急、オリックス）や渡辺智男（NTT四国―西武、福岡ダイエー）のように初出場校のエースがプロ野球に進んでいった。まさに野球王国にふさわしい層の厚さだった。

ピッチャーのレベルが高いから、打線もよければ全国制覇を狙えた。打線が弱い年には、相手がハッと驚くような作戦を練ったり、機動力を駆使するなど工夫した。ライバル校と戦力を比べ、戦略、戦術を練るのは監督としての責務であり、楽しみであった。野球王国は、この谷脇や籠尾、岡本らの卓越した頭脳と野球センスによっても支えられていた。

明徳義塾

高知県須崎市に、明徳義塾が開校したのは一九七六年（昭和五一）である。初代校長でもある吉田幸雄が経営していた私塾「明徳塾」が母体となり、創設時は「明徳高校」と名乗った。「明徳」は中国の古典『大学』の一節に由来し、「天地自然の法則や先人の教えを明らかにする」という意味である。

開校と同時に野球部もスタートし、夏の高知予選に出場している。初代監督は、高知高校OBで、選手として一九六七年の選抜大会で準優勝した武市隆だった。その二年後、高知商の基礎を作った松田昇が明徳中学野球部の監督に就任。中学一年生から指導した年代が高校生になると、松田も明徳高校の監督となった。

その秋（一九八一年）、高知大会で優勝して四国大会に出場すると、一回戦で徳島二位の池田と対戦した。池田はすでに春三回、夏二回甲子園へ出場し、春、夏とも準優勝した経験があったが、新興の明徳が一対〇で勝つ。試合後、監督の松田はこう語った。

「蔦（文也）の作戦はお見通しじゃ。あの子もまだまだじゃのう」

当時、松田が七六歳、蔦が五八歳である。松田の前にことごとくサインプレーを失敗した蔦は、これをきっかけに筋力トレーニングを導入して強力打線を育てる決意をしたと伝えられている。

明徳は四国代表として明治神宮大会に出場すると、北海（北海道 五対〇）、早稲田実（東京 八対五）、大府（愛知 三対二）と下して優勝した。現在の明治神宮大会のように各地区の優勝チームが出場するというスタイルではなかったが、この大会が明徳の全国デビューとなった。翌一九八二年（昭和五七）の選抜で、初めて甲子園に出場する。

この年の秋も深まった一一月、秋季四国大会開幕の前日、松田は開催地の高松市で倒れ、翌二〇日、野球に捧げた七七年の生涯を終えた。その後、明徳の監督には竹内茂夫が就任する。中村高校が選抜で準優勝した時のコーチで、明徳義塾の後には南宇和や松山聖陵（ともに愛媛）の監督を務めた人である。この頃まで地元の有名監督が指導していたので、選手も地元出身者が多かった。プロに進んだ河野博文（駒澤大―日本ハム、読売、千葉ロッテ）や横田真之（駒澤大―ロッテ、中日、西武）、藤本茂喜（読売）、近田豊年（本田技研鈴鹿―南海、阪神）、山本誠（阪急＝オリックス）は、いずれも高知県内の出身である。

ところが、一九八五年の一月、明徳義塾の野球部前部長が「売春防止法」の違反容疑（斡旋）で逮捕されるというショッキングな事件が起きる。東都大学リーグの監督が宿泊する部屋へ一六歳の少女を送り込んだとされ、大騒ぎとなった。大学の監督は「こんなことをしちゃいかん」と少女に言い聞かせて部屋から追い出したという。明徳義塾は道徳教育を柱にしていたこともあって、地元での評判は一気に落ちた。

さらに、現在の馬淵史郎が監督に就任（一九九〇年）すると、一九九二年（平成四）の夏、甲子園で星稜（石川）の松井秀喜（読売、ヤンキースほか）を五打席連続敬遠して物議をかもした。この騒動が追い討ちとなり、明徳義塾の評判はますます悪くなっていった。また、須崎市の山の上で寮生活を送らなければならないという環境も敬遠されるようになり、地元の有望選手が集まりにくくなった。

ちょうどその頃、大阪府でも、高校野球の勢力図に大きな変化が起きつつあった。黄金期を築いたＰＬ学園に不祥事が相次ぎ、野球部寮での厳しい上下関係が、野球少年たちから嫌われるようになっていた。それまで大阪や兵庫のトップクラスの中学生は、ＰＬ学園が憧れのチームであり、ＰＬ学園に進学することが誇りだった。ところが、ＰＬ学園の人気凋落で、優秀な選手たちが地方の強豪校へ分散するようになる。西日本各地でスカウト活動に熱心だった明徳義塾も、有力な進学先の一つとなった。また、時期を同じくして、高知でも岡本、籠尾、そして谷脇という名将たちが勇退、「明徳に行けば、甲子園に出られる確率が高い」というイメージが広がった。一九九〇年代の後半には、西日本の各地から多くの優秀な野球留学生が明徳義塾に集まるようになった。

明徳義塾が悲願の全国制覇を成し遂げたのは、二〇〇二年（平成一四）夏のことである。エースの田辺佑介（関西大―トヨタ自動車）、ショートの森岡良介（中日、東京ヤクルト）ら五人が大阪出身で、レフトの沖田浩之（亜細亜大）とキャッチャーの筧裕次郎（大阪近鉄、オリックス）ら三人が兵庫出身、サードの梅田大喜（明治大）が愛知出身、セカンドの今村正士が東京出身と、スタメンの一〇人全員が野球留学生だった。その後もスカウト網が関西一円に張り巡らされ、有望な中学生が明徳義塾に勧誘される。近年は小学生のスカウト活動にも熱心で、明徳義塾中学も軟式野球で全国レベルの強さを誇っている。

馬淵が監督に就任した一九九〇年以降、二〇一八年春までの二九年間で、明徳義塾は春に一四回、夏に一八回も甲子園に出場。春夏通算五〇勝をあげ、高校野球ファンの間でも、高知代表といえば明徳義塾というイメージが定着している。

その間、他の高校では高知が春夏一二回、高知商が春夏六回、土佐が春三回、室戸、宿毛、中村が一回ずつとなっている。関西を中心に有望選手が野球留学してくる明徳義塾に対して、地元選手では太刀打ちできない状態となった。

それに加えて、谷脇は、

「馬淵監督は勝てるチーム作りが上手で、采配もうまいです。それに対して最近の高知には、強いチームをハッとさせるようなチーム作りや作戦を練ることができる人がいないように感じますね」

高知の高校野球界は完全に明徳義塾の一強時代となり、二〇一七年（平成二九）の選抜高校野球の選考委員会では、ついに高知高野連の泣きが入る。21世紀枠候補のプレゼンテーションで「昨年夏の選手権大会では全国で唯一、高知県の子どもだけが甲子園の土を踏めませんでした」と訴えたのだ。前年夏の甲子園大会には高知県から明徳義塾が出場していたが、高知県出身者のベンチ入りはゼロ。その他の代表校にも高知県出身者は一人もいなかった。しかも、熊本代表の秀岳館にも県内出身者はいなかったが、熊本出身者がなんと明徳義塾の主力選手（西浦颯大―オリックス）として出場していたというオチまでついていた。

あの野球王国が、ここまで落ちてしまったのかとさみしい気持ちになったほどだった。

高知中学校の育成

現在の高知野球界をグルッと見渡してみて、一人の指導者に目が止まった。高知中学校軟式野球部監督の濱口佳久である。高知の野球事情について情報収集する中で最も会ってみたいと思った指導者だった。

二〇一七年（平成二九）には、中学二年生にして軟式で一四〇キロ以上を投げる森木大智を育てたことでも有名になった。

「森木は、土佐市の小学時代にはチームに投球を受けられる者がいなかったのでポジションはキャッチャーをしてました。県選抜に選ばれて投げてみると、一二五キロくらい出ていました。小学校はマウンドからホームベースまでの距離が約二メートル短いので、体感のスピードは二〇キロくらいアップします。小学生相手では誰も打てなかったです」

小学校卒業後、高知中学に入学、濱口の指導でトレーニングを積んだことで、わずか一年足らずで一四〇キロのボールが投げられるようになった。そのトレーニングというのが、なかなか興味深い。日本の野球界の未来を救うのではないかとさえ感じている。

濱口は一九七五年（昭和五〇）に高知市で生まれ、高知高校を経て千葉県我孫子市にある中央学院大に進んだ。硬式野球部が強化され、千葉県大学野球連盟のリーグ戦で優勝するようになった頃である。卒業後、高知高校のコーチとなって地元に戻った。コーチ二年目の二〇〇一年（平成一三）には、選抜大会に出場して甲子園を経験する。エースが福山雄政（法政大―三菱ふそう川崎―ＪＲ北海道）で、近畿大を経て福岡ソフトバンクに入る甲藤啓介が控え投手だった。

二〇〇四年（平成一六）、二九歳で高知中学校の軟式野球部監督に就任すると、チーム力が一気にアップする。二〇〇八年（平成二〇）と二〇一一年（平成二三）には、全日本少年軟式野球大会で日本一になり、森木を擁する二〇一八年三月にも「文部大臣杯第九回全日本少年春季軟式野球大会」で優勝した。また、中学の監督に就任以来、高校のほうも甲子園に春五回、夏四回出場しているが、その主力選手を育てて送り込んでいるのが、この濱口である。

もちろん高知県でも、ここ数年で野球人口は大幅に減っている。

「高知中学の場合も、一〇年前は各学年の部員が三〇人を超えていました。もちろん年によって多かったり、少なかったりしますが、五年前から二〇〜二五人となり、ここ三年間は一学年二〇人を下回っています。高知県に硬式の中学チームは一チームなんですが、公立中学の軟式野球部でも合同チームになるところが増えています。野球をする小学生が大きく減っていますし、小学生の時は野球をしていた子が他のスポーツを選ぶケースも少なくありません」

濱口によれば、それでも高知中学の野球部には、県内のうまい子どもが集まるという。しかし、新入生のレベルでいえば、西日本各地のトップクラスが集まる明徳義塾中学校にはかなわない。高知選抜が西日本選抜に挑戦するような図式という。高知中の誇る一四〇キロ右腕の森木と同学年にも、長崎出身の関戸康介や京都出身の田村俊介のような全国でもトップクラスの選手がいる。

関戸は、小学生の頃から一三〇キロを超えるボールを投げることで話題になり、福岡ソフトバンクホークスジュニアに選ばれたピッチャーである。

京都府舞鶴市出身の田村は、左投げ左打ち。小学六年の頃の最速は一二五キロだったが、しなやかなカラダから右打者の内角にクロスファイアを投げ込み、完全試合を三度達成。京都ナンバーワンを決める大会で二回戦から五回戦まで連続してノーヒットノーランに抑えたこともある。打撃もしなやかなスイングから放たれる打球は鋭く、三打席連続でフェンス越え（七〇メートルくらい）のホームランを打ち込んだこともあった。

「明徳は、西日本の強いチームの中心選手を集めてきます。すぐに中学の試合に出られるという子が多いです。西日本選抜は目標としては申し分ないのですが、こっちは数も能力もそこまでいっておらず、選手を育てることから始めます」

濱口の課題は、高知選抜を一年間鍛えて、西日本選抜と対等に戦えるようにすること。そして、日本一に輝くようなチームを作ることである。しかし、いざ中学生と練習してみると、思わず、

「なんでこんなことができないんだよ」

とため息の連続だったという。内野ノックをしても、ボールがグラブの真下を抜けていく。

「なんで届かないんだよ」

送球が少し逸れるとしっかりキャッチできない。

「なんで今のが捕れないんだよ」

高知選抜クラスの選手でも、昔に比べてプレーのレベルはかなり低下していた。そこで濱口は、まず細かな観察から始めたという。なるほど、何事もまずは現状認識から始まる。

ゴロ捕球を観察すると、膝が瞬時に曲がらない子もいれば、上体がスムーズに沈んでいかない子もいた。そうかと思えば、グラブをはめる腕がしっかり伸びなかったり、捕球する瞬間にアゴが上がる子もいた。ノックのゴロを捕れないという現象は共通でも、その原因はそれぞれに違っていた。

「さらに、カラダの使い方について勉強すれば、今度はそうした現象の起こる根本的な理由もいろいろあることがわかってきました。スムーズに動けないのも、それが筋肉の硬さなのか、筋力の弱さのせいなのか、生まれ持った骨格などの特徴のためなのか、その子の生活習慣に由来するのか。そこを探っていかなきゃいけないと思いました。つまり、心技体の『体』でも、その土台から見直して、改めて基礎を作っていかなければならないと思ったのです」

着眼点が素晴らしい。野球の指導者でここまで探究できる人は少ないだろう。指導方針も自ずと変わっていった。

「まず、知ったかぶりをやめよう、自分の野球観を押しつけることはやめようと自分に言い聞かせました。今まで自分がやってきたことが、この子らに合うのかどうかを考えよう。トレーニング一つをとっても、選手によって合う、合わないはあるので、これが絶対という決めつけをやめようとしました」

現状を踏まえ、改めて勉強をし直した。その結果、濱口のたどりついたトレーニングとは「リハビリ」だった。

「リハビリ」の重要性

リハビリは、広い意味でいえば、人間の本来の機能を取り戻すための医療的な措置である。もちろん野球部員にも、故障してリハビリを受ける者は少なくないが、濱口は全部員をリハビリの対象とした。そこが画期的な発想といえる。

では、なぜ、いま野球界にリハビリが必要なのか。

高知県が野球王国だった時代を思い起こしてほしい。その頃、高知や高知商の主力選手は運動能力の高い選手たちばかりだった。運動能力が高い選手とは、きわめて単純にいえば、

①筋肉の強さやバネ、しなやかさに恵まれている
②思い通りにカラダが動かせる

という選手といえる。つまり、身体資源に恵まれたカラダを自由自在に動かせる選手た

ちが揃っていた。

ところが、ちょうど同じ頃、大都市の子どもたちは「もやしっ子」と呼ばれ始めていた。経済成長で生活が便利になって、日常の中でカラダが自然に鍛えられる環境が減ったからである。一九八〇年代になると、「もやしっ子」が全国に広がり、高校野球界では器具を使った筋力トレーニングやサーキットトレーニングなどが取り入れられた。

一九九〇年代に入ると、子どもたちが一層外で遊ぶ機会が減り、①の筋力に加えて②の思い通りにカラダを動かす能力も低下する。高校野球の現場でも、インナーマッスルのトレーニングや体幹トレーニングなどが取り入れられるようになった。

二〇〇〇年以降も、ゲームや携帯電話の普及などで①と②は一層衰える傾向にある。たとえば、ゲーム機やスマホの画面を長時間見ていると首回りや肩の筋肉が凝りやすく、とりわけ鎖骨の動きが悪くなる。鎖骨が動きにくくなると、だんだんと肋骨と肋骨の間の筋肉が硬くなって肋骨自体が動きにくくなっていく。

たとえば、あなたの肋骨を指で押すと、グニャッと沈み込むように動くだろうか。それが肋骨本来の動きである。オリンピックでメダルをとるような選手の肋骨というのはグニャグニャとひしゃげるように動く。しかし、肋骨一本一本が硬くなってしまうと、肋骨全体もギクシャクとする。肋骨全体がギクシャクすれば、体幹がなめらかに動きにくくなる。

体幹がなめらかに動かなければ、指導者が内野ノックを打っても、「なんで届かないの」、「なんで捕れないの」と嘆くことになる。

③筋肉が弱くて硬い

④思い通りにカラダが動きづらい

という選手たちが増えているのである。

野球王国時代の高知県なら、「センスないな」、「どんくさいな」と言われて、とてもベンチに入れなかっただろう。あるいは、そもそも野球部に入ろうとさえ思わなかったかもしれない。だが、現在はそのレベルの選手をチームの主力として育てなければならない。高知に限らず、それが全国的な実情だろう。

思うように動かない体をスムーズに動くようにするには、どうすればよいのか。

筋肉の柔軟性を取り戻したり、関節の可動域を広げたりして、関節がスムーズに動くようにするしかない。すなわち、解決策はリハビリなのである。

体幹内操法

濱口が具体的に取り組むのは、まず「体幹内操法」というトレーニングである。

「最近の子どもは、昔に比べると柔軟性が極端に低くなっています。特に下半身の柔軟性がなくなっています。そのうえ、授業中にじっと座ってばかりいるので、ただでさえ柔軟性がかなり低い現在の子どもたちは、余計に肩甲骨や背骨、骨盤の周りがどんどん固まってしまいます。そこで、授業で固まった筋肉をほぐし、さらに生活習慣で固まった筋肉をもっとほぐしていこうと、練習前に毎日取り組んでいます」

体幹内操法は、カラダをうまく操るカギは、筋肉ではなく、骨にあるという考えをベースに作られた体操である。昔から「骨《コツ》」という言葉があるように、骨を動かすことでカラダ全体の動きをスムーズにすることを目的としている。また、骨の意識を高めることで、筋肉からムダな力を抜くという効果が期待できる、しなやかな筋肉を取り戻すためのトレーニングである。

最近は、筋肉をほぐすためのトレーニングがインターネットでも取り上げられているので、実際に試してみて効果があると思ったものを取り入れるのでいいと思うが、毎日のように継続して行うことが大切である。

また、濱口は「スタビライゼーション」というトレーニングも取り入れている。これは「コアトレーニング」とも呼ばれ、カラダの深層にある補助筋群（スタビライザー）を鍛えるためのメソッドである。サッカーの長友佑都が「体幹トレーニング」として書籍で紹介したことでスポーツ界でもよく知られるようになり、「体幹トレーニング」として導入している野球部も多いだろう。もともとはドイツのリハビリ施設で行われていた体操を基に日本で確率されたトレーニング法である。

「こうしたトレーニングを導入してから、明らかに故障が減りました。当初は、検診で腰椎分離になりかけているという生徒も少なくなかったんですが、今はいません。まだ手探り状態ですけど、筋肉を柔らかくするようなトレーニングは続けていくべきだと思っています」

筋肉が柔らかさを取り戻すと、それだけ関節の可動域も広がるし、反応もよくなる。必然的に、守備ならグラブの届く範囲も広がっていく。それだけ球際に強くなれるというわけである。

そのうえで、濱口は、筋肉のパワーとバランスを身につけるリハビリも行っている。「レッドコード」と呼ばれる赤いロープを天井から吊るし、それを利用することで無理なく筋肉の柔軟性やバランス機能を向上させることを目的とする。また、ロープをジャングルジムのように張り巡らし、そのロープの上を歩くトレーニングも行っている。

野球は、もともと不安定で不規則な動きが多い。重心移動しながらボールを投げたり打ったりするし、走りながらボールをキャッチしたりする。野手の動きに合わせて走塁したり、予期せぬ打球や送球にも対応しなければならない。それだけバランス感覚が重要で、特に打者と投手の駆け引きは、つまるところバランス（軸）の崩し合いとなっている。

高知中学では、そのバランス感覚をリハビリトレーニングで鍛えるのである。

「カラダにパワーはあっても、投げるボールが遅いとか、打球が飛ばないという子たちがいますが、そういう子にバランス系のトレーニングをさせると、全然バランスがとれないんです。じっとして安定した状態でなら持ち前のパワーを発揮できるんですけど、野球のような不安定な状態では力を発揮できないということがわかりました」

そういう選手でもバランス感覚を磨く（取り戻す）リハビリをすれば、動きながらパワーを発揮できるようになる。そうなると野球のパフォーマンスもあがってくる。当然、もともとバランス感覚のいい選手がすれば、さらにバランス感覚が研ぎ澄まされていく。超中学級の右腕の森木は、そうやってバランス感覚を一層磨き、投球フォームを微修正することで球速が一年半で一五キロ以上もアップした。

また、他の選手たちのレベルも大幅にアップして、「高知の中学選抜」のようなチームが全国レベルのチームへ進化している。

ヨガの導入

「リハビリトレーニングは、大学でもさせていました」

というのはトレーナーの森元静磨である。大阪商業大学の野球部でトレーナーをしていた時に取り入れていたという。リハビリなどでカラダの使い方が改善されたチームは、二〇一三年(平成二五)の秋、二一年ぶりに関西六大学リーグで優勝し、明治神宮大会でもベスト4に入った。また、森元のもとでトレーニングを積んだ選手も大学時代に大きく成長し、近藤大亮(オリックス)、桂依央利(中日)、金子丈(中日)、岡田明丈(広島東洋)、吉持亮汰(東北楽天)とプロ野球選手が続々と誕生した。

「歩く時、走る時、地面からの反発をもらって、その力を推進力に変えていく。これがすべての動きの基本です。そのためには自分の弱いところを鍛えると同時に、カラダ全体のバランス感覚を向上させることがとても重要なんです。野球のパフォーマンスに大きく影響します」

森元はそう解説する。

「カラダの柔軟性、筋肉の柔らかさが大事とよく言われますが、足の速い子や野球のうまい子にも、実は股関節の硬い子は多いです。そういう子は筋肉の部分部分が柔らかくて、パワーの発揮の仕方を知っているから、野球でもチームの主力になれます。こういう子が、さらにリハビリなどでカラダのバランスを整えていくと、野球のパフォーマンスがもっと上がって、将来的に社会人やプロで活躍する可能性が高くなります。でも、今はこのレベルでさえ人数的に少なくなっていて、高校でも、大学でも取り合いになっていますね」

たとえば、かつてピッチャーは投げる時に胸を張れと言われた。しかし、最近は「胸を張れ」と指導されるとフォームを微妙に崩す子が増えている。

「昔はテイクバックで胸を張っておいて、腕を振る時に胸をたたんだんです。そして、優秀なピッチャーというのは、胸を張れと言われると、裏側の肩甲骨を締めたんですよ。その結果として胸が張れたんです。それがバランス感覚というものなんです。でも、今の子は胸を張れと言われても、肩甲骨に意識がいきません。胸ばっかり張ろうとするから、カラダ全体のバランスが崩れるんですね。コントロールがつくわけがありません。最近は胸を広げられなかったり、たたむ力のない子も野球をしています」

これと似たような現象が、カラダのそこかしこで起きている。専門家の目から見ても、最近の野球選手の「カラダ」は劣化が激しいという。アマチュアのトップクラスの選手でもリハビリの対象となってくる。

森元は、一九六八年(昭和四三)、京都市に生まれる。京都リトルシニアから岐阜第一、大商大で野球をした後、トレーナーとなった。長野五輪の前後には、金メダルをとったジャンプの船木和喜の専属トレーナーを務めていた。その後、岐阜第一のコーチとして甲子園に出場したこともある。大商大でプロ野球選手を育て、現在は京都リトルシニアでコーチを務めている。

金メダリストを担当するトレーナーにして野球指導者である森元も、野球のパフォーマンスを上げるためにはリハビリが必要と指摘する。ただ、本格的なリハビリ用の器具を揃えようとすると費用がかかる。レッドコードは一式で六〇万〜一〇〇万円もしており、中高生のチームで買い揃えるのは難しいだろう。森元は京都リトルシニアでさまざまなトレーニングを行っているが、最近導入したのがヨガという。

「ストレッチングを続けることでも筋肉を柔らかくしたり、バランスを整えることは可能です。でも、今の子どもたちは『ストレッチング』という言葉は耳にタコができるくらい聞いていてマンネリ化しているでしょ。深く集中して筋肉と向き合うことがなかなかできません。そういう意味では、中学生の子たちにもヨガは新鮮です」

ヨガはポーズを作って呼吸法をすることで心身を制御し、精神を統一することを目的とする。

「試合の時も、通常より一時間早く球場に行ってヨガをしています。じっくり取り組むと体温もあがるし、汗もかきます。ランニングで急激に心拍数を上げるより、ちょっとずつカラダが整っていきます。また、ヨガはポーズに集中するので、リラックスして集中力も高まり、試合の入りが以前に比べて格段によくなりました」

また、ヨガを続けることで筋肉が柔らかくなっていく。

「歩いたり、走ったりするとき、地面からの反発は足裏と足首で受けます。足首が動くと膝関節は勝手に動くのですが、最近は足裏、足首とも硬い子が多いんです。そうすると膝も硬くなって股関節も膝に乗っていかず、地面の反発を推進力に変えられない。たとえばバッティングの時には、一本の脚で立って待ち、ボールを呼び込んで回転するような形じゃないと鋭い打球は打てません。足首や膝が硬いと軸脚に体重を乗せた時に動きます。カラダがぶれるとボールをしっかり捉えにくいです。これもバランスです」

また、股関節が硬いと、ハムストリングス（もも裏の筋肉）も硬くなる。そうすると骨盤が動きにくくなり、全体的に動きがギクシャクするが、ヨガで股関節やハムストリングスを柔らかくすれば、それが改善されていく。大商大の選手たちが実力をアップさせたのも、地道な努力で硬く縮んだ筋肉をほぐし、全身のバランスを整えたからだった。

京都リトルシニアにも、パワーはあるけど、やや太っていてどんくさいなという印象の子がいたが、一年間で無駄な脂肪が落ち、カラダのバランスがよくなった。すると野球のプレーも、格段に改善されていった。そういうケースを目の当たりにすれば、今や「リハビリ」という発想は欠かせないと思う。

近年、京都リトルシニアからは龍谷大平安や明徳義塾などの強豪私学に進む子が増え、甲子園常連校の指導者が訪問する機会も増えている。なかには、広島の岡田やオリックスの近藤といったプロ野球選手を育てた森元に、投手の育て方についてアドバイスを求める指導者もいるほどである。

野球の未来を作るために

将来的に、野球人口が減っていくのはある意味必然だろう。そもそも子どもの絶対数が減っているし、サッカーやバスケットボール、テニス、それに最近は柔道や空手などの武道人気も高まっている。もちろん野球をする子どもを確保することも大事だが、それ以上に野球好きの子どもたちのカラダを改善し、パフォーマンスをあげていくという努力が重要なのではないか。

その場合、前提となるのは硬く縮こまり、バランスを崩すカラダの状態を改善すること。つまり、龍谷大平安の原田が取り組んでいる「平安アップ」のようなトレーニングや、高知中の濱口が取り組むようなリハビリ、さらには京都リトルシニアの森元が取り組むヨガなどを取り入れ、継続していくことである。

全身の筋肉のあちこちが硬いと、息が浅くなって気分的にも苦しい状態になる。実際、カラダをほぐしてみると、呼吸が深くなって気持ちがよいはずである。まずは、いつも筋肉が柔らかく、呼吸も深くて快適な状態を作ってあげる。そして、野球をすると快適で、毎日気分的に楽しいと思えるようになれば、野球の楽しさも子どもたちにストレートに伝わっていくだろう。

高校野球の監督には、いろいろなタイプがいる。それぞれの持ち味を生かし、それぞれの発想で指導すればよいと思う。ただ、小学生から高校生まで、日本の子どもたちのカラダの状態をみていると、どんな指導者も共通してトレーニングにリハビリ的な発想を取り入れる時期が来ているのではないか。それが、単に野球界にとどまらず、日本の子どもの将来を救う道であり、日本の将来に灯りをともすことだと思っている。

おわりに

「高校野球の監督を一度してみたい」

そんなふうに思っている人は少なくないだろう。私にも憧れがないわけではない。まあ、現実にオファーが来ることなど考えられないが、万が一、オファーがあったとしても最終的には断るだろう。理由は、自分の未熟さや弱さを満天下にさらす勇気がないからである。

高校生のチームというのは、監督が熱心に指導すればするほど、監督の人格がチームに反映されやすい。選手が子どもなので、チーム全体が監督の色に容易に染まりやすいし、試合中は監督の心理状態がダイレクトに影響する。たとえば、集中力が長時間続かない指導者のチームは試合の終盤でミスが出やすい。いくら虚勢を張ったところで肚《ハラ》の据わらない指導者のチームはピンチであたふたとしてしまう。リズム感の悪い指導者のチームは勢いに乗れないし、詰めの甘い指導者のチームはやはりあと一歩のところで勝ち切れない。

高校野球の監督というのは、自らの弱点や未熟さを常にさらし続ける覚悟が必要なのである。私にはそんな恥ずかしいことはとてもできない。

だからこそ、本書に登場する監督たちは、いずれも自分磨きをしながら人間力を鍛えている。自らの成長なくしてチームの進化も望めないことを知っているからである。
日本の国力が衰退している現在、プロ野球経験者でも、教員指導者でも、専門監督でも、日本の将来のためにも自分磨きをしながら一本筋の通った指導を貫いてほしいと願っている。そして、彼らの人生をかけた取り組みが多くの人々の生きるヒントになれば、彼らの奮闘に大いなる敬意を抱くスポーツライターとしては望外の喜びである。

二〇一八年六月一日
第一〇〇回記念高等学校野球選手権大会を目前に

松井　浩

N.D.C. 783.7　274p　18cm
ISBN978-4-06-512049-1

JASRAC　出 1805620-801

講談社現代新書　2481
強豪校《きょうごうこう》の監督術《かんとくじゅつ》　高校野球《こうこうやきゅう》・名将《めいしょう》の若者育成法《わかものいくせいほう》
二〇一八年六月二〇日第一刷発行

著者　松井《まつい》 浩《ひろし》

発行者　渡瀬昌彦
発行所　株式会社講談社
東京都文京区音羽二丁目一二─二一　郵便番号一一二─八〇〇一
電話　〇三─五三九五─三五二一　編集（現代新書）
　　　〇三─五三九五─四四一五　販売
　　　〇三─五三九五─三六一五　業務
装幀者　中島英樹
印刷所　凸版印刷株式会社
製本所　株式会社国宝社
定価はカバーに表示してあります　Printed in Japan

「講談社現代新書」の刊行にあたって

教養は万人が身をもって養い創造すべきものであって、一部の専門家の占有物として、ただ一方的に人々の手もとに配布され伝達されうるものではありません。

しかし、不幸にしてわが国の現状では、教養の重要な養いとなるべき書物は、ほとんど講壇からの天下りや単なる解説に終始し、知識技術を真剣に希求する青少年・学生・一般民衆の根本的な疑問や興味は、けっして十分に答えられ、解きほぐされ、手引きされることがありません。万人の内奥から発した真正の教養への芽ばえが、こうして放置され、むなしく滅びさる運命にゆだねられているのです。

このことは、中・高校だけで教育をおわる人々の成長をはばんでいるだけでなく、大学に進んだり、インテリと目されたりする人々の精神力の健康さえもむしばみ、わが国の文化の実質をまことに脆弱なものにしています。単なる博識以上の根強い思索力・判断力、および確かな技術にささえられた教養を必要とする日本の将来にとって、これは真剣に憂慮されなければならない事態であるといわなければなりません。

わたしたちの「講談社現代新書」は、この事態の克服を意図して計画されたものです。これによってわたしたちは、講壇からの天下りでもなく、単なる解説書でもない、もっぱら万人の魂に生ずる初発的かつ根本的な問題をとらえ、掘り起こし、手引きし、しかも最新の知識への展望を万人に確立させる書物を、新しく世の中に送り出したいと念願しています。

わたしたちは、創業以来民衆を対象とする啓蒙の仕事に専心してきた講談社にとって、これこそもっともふさわしい課題であり、伝統ある出版社としての義務でもあると考えているのです。

一九六四年四月　野間省一

趣味・芸術・スポーツ

自然科学・医学

1141 安楽死と尊厳死——保阪正康
1328 「複雑系」とは何か——吉永良正
1343 カンブリア紀の怪物たち サイモン・コンウェイ・モリス 松井孝典 監訳
1500 科学の現在を問う 村上陽一郎
1511 優生学と人間社会——米本昌平 松原洋子 橳島次郎 市野川容孝
1689 時間の分子生物学——粂和彦
1700 核兵器のしくみ——山田克哉
1706 新しいリハビリテーション 大川弥生
1786 数学的思考法——芳沢光雄
1805 人類進化の700万年 三井誠
1813 はじめての〈超ひも理論〉 川合光
1840 算数・数学が得意になる本 芳沢光雄
1861 〈勝負脳〉の鍛え方——林成之
1881 「生きている」を見つめる医療——中村桂子 山岸敦
1891 生物と無生物のあいだ 福岡伸一
1925 数学でつまずくのはなぜか 小島寛之
1929 脳のなかの身体——宮本省三
2000 世界は分けてもわからない 福岡伸一
2023 ロボットとは何か——石黒浩
2039 ソーシャルブレインズ入門 藤井直敬
2097 〈麻薬〉のすべて——船山信次
2122 量子力学の哲学——森田邦久
2166 化石の分子生物学——更科功
2191 DNA医学の最先端 大野典也
2204 森の力——宮脇昭
2219 宇宙はなぜこのような宇宙なのか——青木薫
2226 「人体」の不思議 宇宙生物学で読み解く——吉田たかよし
2244 呼鈴の科学——吉田武
2262 生命誕生——中沢弘基
2265 SFを実現する——田中浩也
2268 生命のからくり——中屋敷均
2269 認知症を知る——飯島裕一
2292 認知症の「真実」——東田勉
2359 ウイルスは生きている 中屋敷均
2370 明日、機械がヒトになる 海猫沢めろん
2384 ゲノム編集とは何か 小林雅一
2395 不要なクスリ 無用な手術 富家孝
2434 生命に部分はない——A・キンブレル 福岡伸一訳

心理・精神医学

331 異常の構造――木村敏
590 家族関係を考える――河合隼雄
725 リーダーシップの心理学――国分康孝
824 森田療法――岩井寛
1011 自己変革の心理学――伊藤順康
1020 アイデンティティの心理学　鑪幹八郎
1044 〈自己発見〉の心理学　国分康孝
1241 心のメッセージを聴く　池見陽
1289 軽症うつ病――笠原嘉
1348 自殺の心理学――高橋祥友
1372 〈むなしさ〉の心理学　諸富祥彦
1376 子どものトラウマ――西澤哲
1465 トランスパーソナル心理学入門――諸富祥彦
1787 人生に意味はあるか　諸富祥彦
1827 他人を見下す若者たち　速水敏彦
1922 発達障害の子どもたち――杉山登志郎
1962 親子という病――香山リカ
1984 いじめの構造――内藤朝雄
2008 関係する女 所有する男――斎藤環
2030 がんを生きる――佐々木常雄
2044 母親はなぜ生きづらいか――香山リカ
2062 人間関係のレッスン　向後善之
2076 子ども虐待――西澤哲
2085 言葉と脳と心――山鳥重
2105 はじめての認知療法――大野裕
2116 発達障害のいま――杉山登志郎
2119 動きが心をつくる――春木豊
2143 アサーション入門――平木典子
2180 パーソナリティ障害とは何か――牛島定信
2231 精神医療ダークサイド　佐藤光展
2344 ヒトの本性――川合伸幸
2347 信頼学の教室――中谷内一也
2349 「脳疲労」社会――徳永雄一郎
2385 はじめての森田療法　北西憲二
2415 新版 うつ病をなおす　野村総一郎
2444 怒りを鎮める うまく謝る　川合伸幸

経済・ビジネス